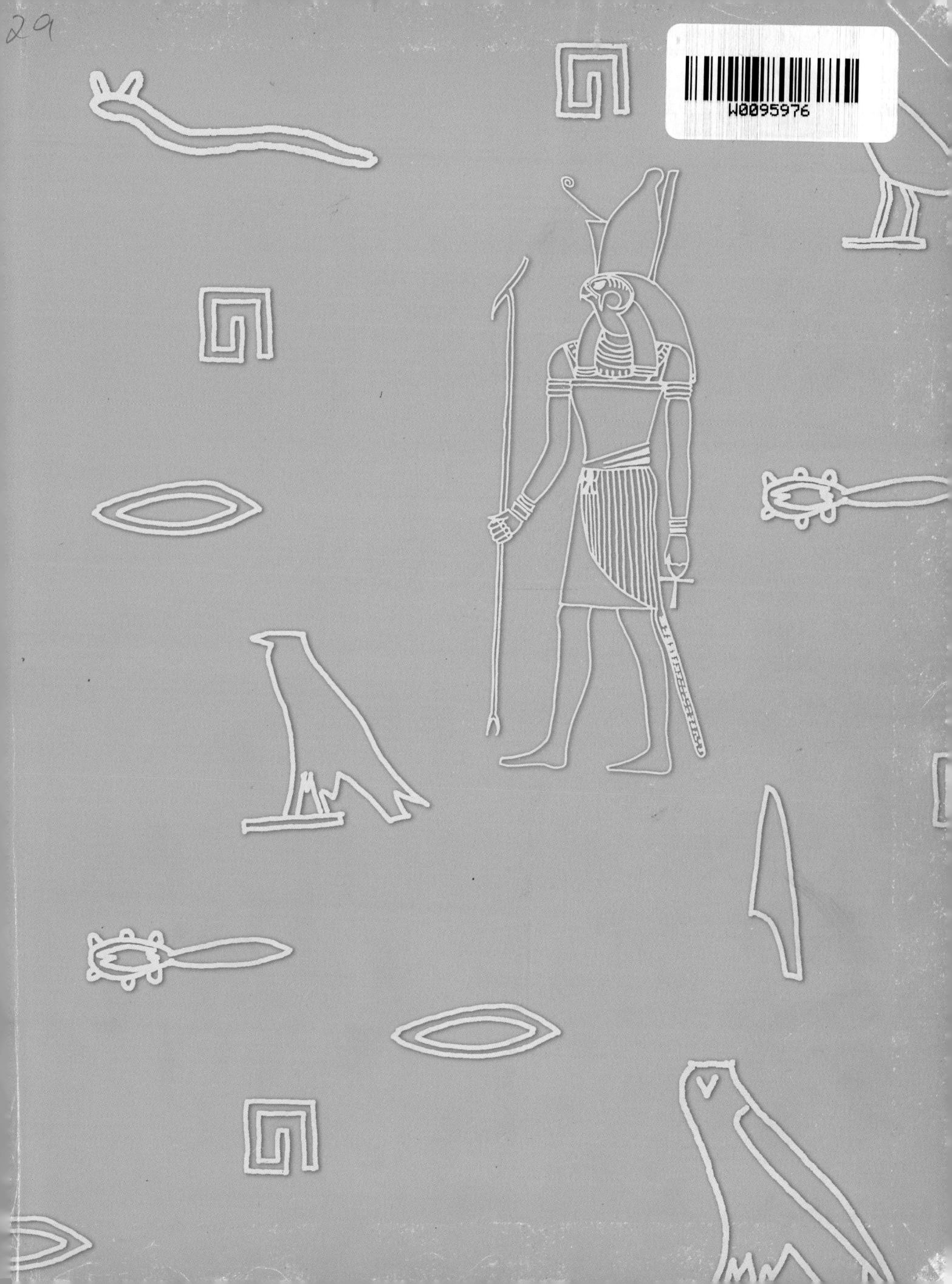

Florence Maruéjol

DIE PHARAONEN

JEG
1
Pha

FLEURUS
VERLAG

© der deutschsprachigen Ausgabe:
Fleurus Verlag GmbH, Köln 2002
Alle Rechte vorbehalten
Übersetzung aus dem Französischen: Birgit Lamerz-Beckschäfer, Datteln
Umschlaggestaltung: Barbara Reiser, Wiesbaden
© Editions Fleurus, Paris 2002
Titel der französischen Ausgabe:
Voir l'histoire, Au temps des pharaons

ISBN 3-89717-170-8
Printed in Belgium

10 9 8 7 6 5 4 3 2 1

So sind die Seiten aufgebaut ...

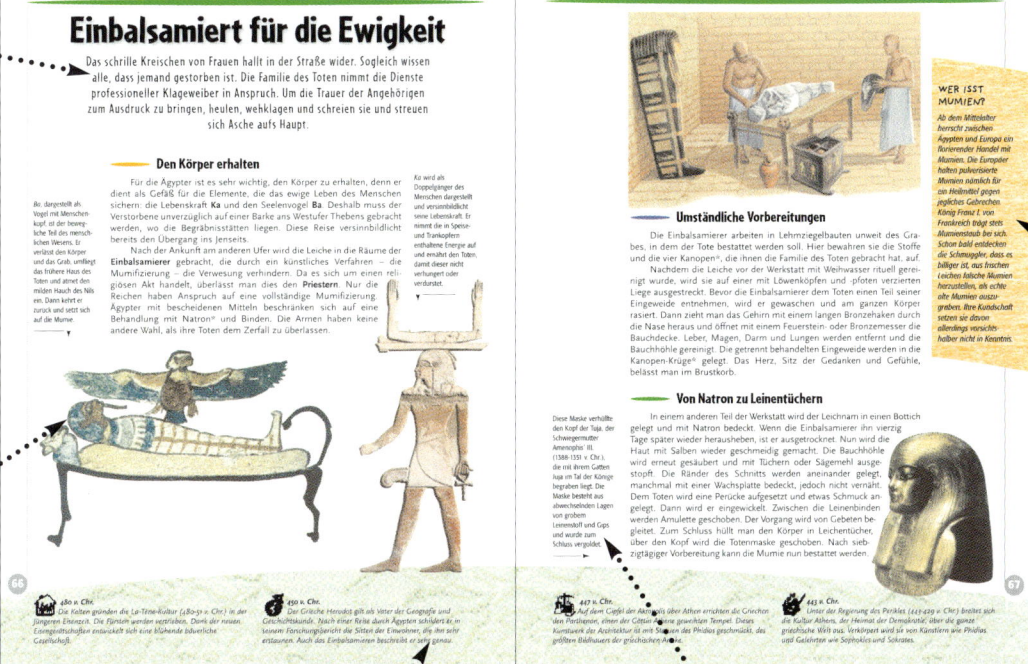

Ein **einleitender Text** führt in das Thema der Doppelseite ein.

Zeitgenössische Dokumente und **Bilder** veranschaulichen das Alltagsleben der Ägypter.

Die **Kästen** enthalten weiterführende Informationen zu bestimmten Themen.

Die fortlaufende **Zeittafel** am unteren Seitenrand gibt in chronologischer Reihenfolge die wichtigsten geschichtlichen Ereignisse der Antike wieder.

Die **Bildlegenden** erläutern den Zusammenhang zwischen Bild und Text.

Wörter, die mit einem Sternchen (*) gekennzeichnet sind, sind in den **Worterklärungen** am Ende des Buches erläutert.

Die **Symbole** in der Chronik helfen, das jeweilige Ereignis einzuordnen:

 Politik

 Religion

 **Kriegswesen**

 Wissenschaft und Technik

 Kultur

 Architektur

 **Wirtschaft**

 Alltagsleben

 **Geografie**

 **Seuchen und Katastrophen**

DIE DATIERUNG

Bis zum 1. Jahrtausend v. Chr. sind die Daten der ägyptischen Geschichte nicht gesichert. Man berechnet sie anhand gut belegter astronomischer Phänomene und der aus anderen antiken Quellen bekannten Regierungszeiten der Könige. Je weiter die Periode zurückliegt, desto größer sind die Abweichungen. Das gilt etwa für die Thinitenzeit und das Alte Reich, während der Spielraum für das Neue Reich nur noch wenige Jahre umfasst. Die neben den Namen der einzelnen Pharaonen in Klammern angegebenen Daten sind nicht Geburts- und Todestag, sondern Beginn und Ende ihrer Herrschaft.

Inhaltsverzeichnis

Der Nil, Lebensader Ägyptens

Ohne den Nil wäre Ägypten nichts als eine riesige Sandfläche. Der Strom eroberte nur einen winzigen Teil der Wüste, doch reichte dieser Streifen bereits aus, damit sich Menschen an den Flussufern ansiedeln konnten. Dies war die Geburtsstunde einer der höchst entwickelten Kulturen der Antike.

Schwarzes Land

Kemet, Schwarzes Land, nennen die Ägypter zur Zeit der Pharaonen ihr Gebiet. Der Name bezieht sich auf die dunkelbraune, fruchtbare Erde längs des Nils im Gegensatz zur Wüste, die sie als *Desheret*, Rotes Land, bezeichnen. Das Wort „Ägypten" ist jünger und leitet sich von *Aegyptos* ab, dem griechischen Namen des Landes.

Regelmäßige Überschwemmungen

Der Ackerbau im alten Ägypten ist vollständig vom Nil abhängig, denn es regnet so gut wie nie. Von Niederschlägen im Sudan angeschwollen, tritt der Nil jedes Jahr im Juli in Ägypten über die Ufer, schwemmt fruchtbaren Schlamm* über die Felder und bewässert auch Landstriche weitab seiner Ufer. In guten Jahren steigt das Wasser um 16 Ellen, das sind 8,32 m, an.

Allerdings ist der Strom oft launisch. In manchen Jahren reicht das Wasser nicht aus, in anderen sind die Überschwemmungen zu stark und reißen alles mit sich fort. Dann drohen Hungersnöte.

Gleichmäßiges Wachstum

Um 2500 v. Chr., als die großen Pyramiden gebaut werden, leben in Ägypten nach Schätzung der Historiker rund 1,5 Millionen Menschen. Dank der Fortschritte in der Bewässerungstechnik und im Ackerbau wächst die Bevölkerung ständig an. Unter Ramses II. zählt Ägypten um 1250 v. Chr. bereits 3 Millionen Einwohner und zur Zeit Kleopatras um 50 v. Chr. sind es sogar schon 5 Millionen, wobei die Bevölkerung stets überwiegend aus Bauern besteht.

Die Symbole Oberägyptens sind die weiße Helmkrone, der Lotus bzw. die Lilie und das Schilfrohr. Seine Schutzherrin ist die Geiergöttin Nechbet.

Unterägyptens Attribute sind die rote Krone, der Papyrus* und die Biene. Seine Beschützerin ist die Kobragöttin Wadjet.

um 4000-3000 v. Chr.
In Carnac in der französischen Bretagne errichten sesshafte Bauern drei breite Straßen, die von über 3000 aufrecht stehenden großen Steinen, so genannten Menhiren, gesäumt sind. Man nennt diese Epoche die Megalithkultur.

um 3750 v. Chr.
Im Süden Mesopotamiens entstehen die ersten Städte. Uruk hat in dieser Zeit vermutlich 10 000 Einwohner. Viele von ihnen sind Bauern, die die umliegenden Felder bestellen.

MITTELMEER

PALÄSTINA

• Rosetta
• Alexandria

• Busiris • Tanis

UNTERÄGYPTEN

• Heliopolis (Kairo)

• Gizeh
• Memphis
• Sakkara

Mörissee
Oase Faijum • Lischt

• Herakleopolis

SINAI

Hermopolis •
Amarna •

Oase Baharia

ARABISCHE WÜSTE

Oase Farafra

ROTES
MEER

OBERÄGYPTEN

This •
Abydos •
Dendera •
Theben
(Luxor)

Oase Dakhla

LIBYSCHE WÜSTE *Oase Kharga*

Edfu •

• Kom Ombo
• Elephantine (Assuan)

Erster Katarakt
Philae

Abu
Simbel •

Wadi Allaqi (Goldminen)
NUBIEN

Zweiter Katarakt

SUDAN

Mit 6671 km ist der Nil einer der längsten Flüsse der Welt. Über eine Strecke von rund 1000 km fließt er durch Ägypten, bevor er ins Mittelmeer mündet. Entlang seinem Flussbett entstehen zwei große Lebensräume. Unterägypten, das Nildelta, ist dreieckig geformt, die Spitze bildet die Stadt Kairo. Das Gebiet wird vom Nil bewässert, der sich hier im Mündungsgebiet in mehrere Arme teilt. Oberägypten, das Niltal, erstreckt sich von Assuan bis zum modernen Kairo wie ein schmales Band, dessen Breite an beiden Flussufern zwischen wenigen Metern und Dutzenden Kilometern schwankt. Ober- und Unterägypten sind ringsum von Wüsten eingeschlossen, die 96 % der Gesamtfläche des Landes ausmachen. Im Osten erstreckt sich die Arabische Wüste mit Bergen und trockenen Tälern einschließlich der Sinai-Halbinsel. In dieser Region liegen die wichtigsten Bergwerke und Steinbrüche Ägyptens. Dort werden Granit, Basalt, Grauwacke und Alabaster abgebaut und Gold und Kupfer geschürft. Im Westen des Niltals schließt sich die Libysche Wüste an. Dort findet man eine Kette von Oasen mit reichem Ackerbau.

um 3500 v. Chr.
Fürsten gründen im Süden Ägyptens die ersten Städte. Die Völker im Norden des Landes übernehmen die Bräuche des Südens, etwa bei der Herstellung von Töpferwaren. Die beiden Gebiete werden zunächst kulturell, später auch politisch eine Einheit.

um 3500 v. Chr.
In Mesopotamien erfinden die Sumerer die Töpferscheibe, den Pflug sowie den Ochsenschlitten und das Segelboot für den Transport ihrer Feldfrüchte. Diese Erfindungen sind für die Entwicklung der Menschheit von grundlegender Bedeutung.

Die Geschichte des antiken Ägypten

Das um 3100 v. Chr. mit der Vereinigung Ober- und Unterägyptens entstandene Pharaonentum besteht bis zur Eroberung Ägyptens durch Alexander den Großen 332 v. Chr. Mit der Ankunft der Griechen verschwindet die ägyptische Kultur jedoch nicht. Erst die Schließung der Tempel im Jahr 392 n. Chr gilt als ihr Ende.

Die Schminkpalette des Narmer zeigt den ersten König Ägyptens beim Sieg über seine Feinde. Das Motiv des siegreichen Königs taucht in der ägyptischen Geschichte immer wieder auf.

Vor der Reichseinigung

Gegen Ende der vorgeschichtlichen Epoche ist Ägypten politisch noch nicht geeint. Während Oberägypten ein Königreich bildet, besteht Unterägypten aus zahlreichen kleinen Fürstentümern, den Gauen. Die Bewohner im Norden und Süden Ägyptens teilen jedoch dieselbe Lebensweise und denselben Totenkult.

Die Thinitenzeit
(1.-2. Dynastie*, 3100-2700 v. Chr.)

Teils mit Gewalt, teils durch Verhandlungen, kann sich der oberägyptische König Narmer um 3100 v. Chr. gegen die Gaufürsten im Norden durchsetzen und erreicht die **Reichseinigung**. Hauptstadt ist This im Süden, in Unterägypten gründet er Memphis. Die ersten beiden Dynastien*, die so genannten Thiniten, schaffen die Grundlagen der ägyptischen Kultur mit der Erfindung der Schrift und der Herausbildung von Religion und Verwaltung.

Die Stele mit dem Falken steht für den Horusnamen, den König Semerchet gegen Ende der 1. Dynastie* (2900-2700 v. Chr.) annahm. Es handelt sich um einen der fünf Königstitel*. Er ist von einem Rechteck umschlossen (*serech*), das den Königspalast darstellt.

Das Alte Reich
(3.-6. Dynastie*, 2700-2200 v. Chr.)

Die Zeit der **Pyramiden** ist die erste Blütezeit Ägyptens. König Djoser lässt sich vom Architekten Imhotep in Sakkara als Grabmal die erste Stufenpyramide bauen. Seine Nachfolger tun es ihm gleich und übertreffen ihn noch: Cheops, Chephren und Mykerinos bauen in Gizeh nahe Memphis drei geometrisch perfekte Pyramiden.

König Djoser lässt den ersten großen Grabkomplex aus Stein errichten. Ringsum verläuft eine gewaltige, rund 8 m hohe Mauer.

um 3300 v. Chr.
In der mesopotamischen Stadt Uruk erfinden die Sumerer etwa zur gleichen Zeit wie die Ägypter die Schrift, die zunächst aus Bildzeichen besteht, sich aber bald zur Keilschrift aus keilförmigen Einschnitten weiterentwickelt.

um 3300 v. Chr.
In den Alpen kommt in 3200 m Höhe ein Jäger zu Tode. Sein vom Eis mumifizierter Körper wird 1991 in einem tauenden Gletscher im Ötztal gefunden. Sogar seine Waffen sind erhalten: Kupferaxt, Bogen, Pfeile mit Feuersteinspitzen und Steinmesser.

Die erste Zwischenzeit

(7.-Beginn 11. Dynastie*, 2200-2046 v. Chr.)

Am Ende des Alten Reichs reißen die Verwalter, die Nomarchen, die Macht in ihren Provinzen an sich und lösen damit den Zerfall des Königtums und des Zentralstaates aus. Es folgt eine lange Phase der Verwirrung. Die Fürsten bekämpfen sich gegenseitig, das Volk hungert.

Dieses Nilpferd aus blauer Fayence* stammt aus dem Mittleren Reich. Gefunden wurde es in einem Grab am Körper des Verstorbenen, den es beschützen sollte.

Das Mittlere Reich

(Ende 11.-Beginn 13. Dynastie*, 2046-1710 v. Chr.)

Einem thebanischen Prinzen der 11. Dynastie* namens Mentuhotep II. gelingt es, die mächtigen Herrscher von Herakleopolis zu besiegen und die Reichseinheit sowie die Monarchie wiederherzustellen. Die Könige der 12. Dynastie* verlegen ihre Hauptstadt in den Süden nach Memphis, erweitern die Oase Faijum und dehnen ihren Einflussbereich bis nach Unternubien jenseits von Assuan und des 2. Nilkatarakts (Nilstromschnelle) aus. Unter ihrer Herrschaft entstehen Meisterwerke der Kunst und Literatur.

Die 60 m hohe Pyramide des Djoser in Sakkara besteht aus sechs Stufen. Im Innern liegen riesige Säle, darunter auch das Königsgrab. Die Mumie des Pharao ist jedoch schon vor langer Zeit verschwunden.

Sesostris I. (12. Dynastie*) wird vom Gott Atum geführt. Das Relief schmückt einen Pfeiler seiner Grabkammer in Karnak.

Mentuhotep II. gelingt die Wiedervereinigung Ägyptens zu Beginn des Mittleren Reichs. Diese Statue stammt aus seinem Grabkomplex in Deir el-Bahari am linken Nilufer von Theben.

um 3300 v. Chr.
Die Ägypter verwenden erstmals Hieroglyphen. Die Zeichen bilden Personen, Gegenstände, Tiere und stilisierte Bauwerke ab und können abstrakte Begriffe (Ideogramme) ebenso wiedergeben wie Laute (Fonogramme).

um 3100 v. Chr.
Narmer vereint Ober- und Unterägypten als erster König des Neuen Reichs. Er wird gleichgesetzt mit Menes, dem ersten König nach der Liste des Priesters Manetho aus dem 3. Jahrhundert v. Chr. Mit der Thinitenzeit beginnt die Geschichte Ägyptens.

Diese Goldmaske bedeckt das Gesicht Tutanchamuns. Seine Mumie ruht in drei Sarkophagen, von denen einer aus massivem Gold besteht.

Amenophis IV. (Echnaton) Hand in Hand mit seiner Gattin Nofretete. Das Königspaar führt eine umwälzende Glaubensreform durch.

Ramses II. weiht diesen kleinen Tempel in Abu Simbel seiner Gattin Nefertari, hier in Gestalt der Göttin Hathor. Zu beiden Seiten des Eingangs ist die Statue der Königin von zwei Darstellungen Ramses' II. umgeben.

Die Zweite Zwischenzeit

(Ende 13.-17. Dynastie*, 1710-1550 v. Chr.)

An das Mittlere Reich schließen sich erneut Unruhen an. Erstmals in ihrer Geschichte werden die Ägypter von fremden Völkern erobert. Die „Hyksos" sind Nomadenvölker aus Vorderasien. Die thebanischen Fürsten führen einen Befreiungskrieg und vertreiben schließlich die fremden Herrscher. Das Reich wird erneut wiedervereinigt.

Das Neue Reich

(18.-20. Dynastie*, 1550-1070 v. Chr.)

Die Könige der 18. Dynastie* (1550-1292 v. Chr.), darunter Thutmosis I. und vor allem sein Enkel Thutmosis III., erobern ein gewaltiges **Großreich**, das sich von Syrien und Palästina im Norden bis nach Nubien im Süden erstreckt. Die unterworfenen Völker zahlen Tribut an Ägypten, das unermesslich reich wird. Mit Hatschepsut besteigt eine Frau den Königsthron. König Amenophis IV. (Echnaton) verlegt seinen Regierungssitz ins neu gegründete Amarna und reformiert den Glauben: Als alleiniger Gott wird nun Aton verehrt, doch kehren die Ägypter nach Echnatons Tod wieder zu den alten Göttern zurück. Sein Nachfolger ist der berühmte Tutanchamun, dessen Grab von Plünderern verschont blieb.

Die 19. Dynastie* (1292-1186 v. Chr.) steht unter dem Zeichen der 66 Jahre dauernden Herrschaft Ramses' II. Der Pharao sorgt für eine lange Zeit des Friedens und lässt kostbare Bauwerke errichten.

Der letzte große Herrscher dieser Periode ist Ramses III. (1186-1070 v. Chr.). Danach gerät das Neue Reich in eine **Wirtschaftskrise**, die seinen Niedergang bewirkt. Das Tal der Könige, wo die Pharaonen bestattet werden, fällt Plünderern zum Opfer.

Ramses III. (links) rettet Ägypten mehrfach vor feindlichen Einfällen, insbesondere durch die von der türkischen Küste stammenden „Seevölker", die den Vorderen Orient verwüsten.

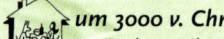

um 3025 v. Chr.
Um das Grab von Pharao Djer (1. Dynastie*) liegen die Gräber von 300 Dienern, die zur gleichen Zeit wie ihr Herr bestattet werden. Menschenopfer gibt es noch bis kurz vor dem Alten Reich.

um 3000 v. Chr.
In Südamerika werden in den Tälern an der Küste Perus Bohnen, Kürbisse, Paprika, Avocados, Süßkartoffeln und Baumwolle angebaut, zunächst nur als Ergänzung zum Fischfang. In diesen Regionen entstehen zahlreiche neue Dörfer.

Die Dritte Zwischenzeit

(21.-25. Dynastie*, 1070-664 v. Chr.)

Ägypten wird von Dynastien* beherrscht, die nebeneinander den Norden und Süden des Landes regieren. Zeitweise wird es auch von fremden Völkern erobert, zunächst von Libyern, später von Sudanesen.

Die Spätzeit

(26.-31. Dynastie*, 664-332 v. Chr.)

Unter der 26. Dynastie* erlebt das Ägypten der Pharaonen seine letzte Blütezeit. Die Herrscher fördern die Kunst, insbesondere die Bildhauerei. Vom Thron vertrieben werden sie schließlich von den Persern, die das Land einem unerbittlichen Joch unterwerfen.

Griechen und Römer

Im Jahr 332 v. Chr. heißen die Ägypter Alexander den Großen willkommen, der sie von den persischen Eroberern befreit. Nach seinem Tod teilen seine Generäle sein Reich unter sich auf. Der Sohn des Lagos erhält Ägypten und wählt Alexandria als Hauptstadt. Unter dem Namen Ptolemäus I. begründet er die Dynastie* der Ptolemäer, die bis zum Tod Kleopatras VII. die Geschicke Ägyptens lenkt. Nach ihrer Niederlage gegen Oktavian, den ersten römischen Kaiser, begeht die Königin 30 v. Chr. Selbstmord. Bis zum Niedergang des weströmischen Reichs 476 dient Ägypten als Kornkammer Roms.

▲
Diese Statue des Beamten Nespaka-schuti ist ein Meisterwerk der 26. Dynastie*.

▲
Alexander der Große unterwirft Ägypten im Jahr 332 v. Chr. und setzt seinen Eroberungszug anschließend bis nach Indien fort.

Das Amphitheater von Kom el-Dikka gehört zu den wenigen Überresten des antiken Alexandria.

➤

um 3000 v. Chr.
Auf der Mittelmeerinsel Malta werden die Toten in riesigen Felsengräbern bestattet. Die künstlichen Höhlen dienen vermutlich auch als Tempel für den Kult der von den Einwohnern verehrten Muttergottheit.

um 3000 v. Chr.
In der südägyptischen Totenstadt Abydos werden zwölf Barken von rund 20 m Länge bestattet. Man weiß nicht genau, welchem König sie gehörten. Die 1991 ausgegrabenen Boote sind die ältesten bekannten Schiffe Ägyptens.

Fleißige Bauern

Sobald die ersten Sonnenstrahlen die Furcht einflößende
Dunkelheit vertreiben, regt sich in den Dörfern das Leben. In ihren
bescheidenen Häusern bereiten sich die Bauern auf ihren
Arbeitstag vor.

Wasser und Erde

Von Palästen bis zu ärmlichen Hütten sind alle Gebäude aus
Lehmziegeln erbaut. Hinsichtlich der Güte der Baustoffe bestehen keine
Unterschiede, wohl aber in der Dicke der Mauern, der Gestaltung der
Oberflächen und im Komfort. Lehmziegel bieten viele Vorteile, sie sind
preiswert und einfach herzustellen. Man vermischt lediglich Erde mit
etwas Stroh und Wasser, formt daraus in Holzkästen viereckige Ziegel
und lässt sie anschließend in der Sonne trocknen. Die Ziegel sind wider-
standsfähig und bieten Schutz gegen Hitze und Kälte.

Das Haus besteht aus
einem Hof und drei
Räumen.

❶ Im Hof, der
zugleich als Eingang
dient, verwahrt der
Bauer seine
Gerätschaften und
stellt seinen Esel unter.
Getreide und Bier
lagern in dicht
verschlossenen
Krügen, die an der
Mauer lehnen. In einer
Ecke ist ein Mörser
teilweise in den Boden
eingelassen. Darin wird
das Getreide grob
zerstoßen und
anschließend mit der
daneben stehenden
Mühle zu Mehl
gemahlen.

2773 v. Chr.
Die Ägypter erfinden den Kalender mit 365 Tagen, unterteilt
in 12 Monate zu je 30 Tagen, plus 5 zusätzliche Tage.

um 2700 v. Chr.
In Ägypten werden erstmals Götter dargestellt, die einen
menschlichen Körper, jedoch den Kopf eines Tieres besitzen. Sie
gesellen sich zu den Götterfiguren, die ausschließlich in Tier- oder
Menschenform erscheinen.

Wenig Bequemlichkeit

Die Bauern besitzen sehr **wenige Möbel**. Sie schlafen auf dem Fußboden oder auf einer niedrigen Bank aus Lehmziegeln, die manchmal mit einer Schilfmatte bedeckt wird. Man sitzt auf niedrigen Schemeln aus Stein oder Holz und nur selten auf Stühlen. In Truhen und geflochtenen Körben werden Geschirr aus gebranntem Ton und Kleidung aufbewahrt. Ein großer Krug auf einem Gestell dient als Wasserbehälter. Eine Öllampe mit Leinendocht erleuchtet die Behausung. Um sie zu entzünden, reibt man einen Stock gegen ein Holzbrett, bis Funken entstehen.

❷ Das Wohnzimmer ist mit Matten ausgelegt. Eine Mauernische dient als Regal, dort steht auch die Öllampe.

❸ In den Zimmern im Erdgeschoss und im ersten Stock schläft die Familie auf Matten auf dem Fußboden. Im Winter wärmt man sich mit Decken aus Wolle oder Leinen.

Häuslicher Alltag

Im Hof hat die Bäuerin gerade Getreide mit einer Steinmühle gemahlen und knetet nun den Teig für das Brot, das im **Lehmofen** gebacken wird. Zur gleichen Zeit sitzt der Bauer mit seinem Sohn im Wohnzimmer beim Frühstück. Sie teilen sich Brot, eine Zwiebel und ein wenig Salat, bevor sie zur Feldarbeit aufbrechen. Die Körperpflege ist rasch erledigt, denn man benetzt sich lediglich Gesicht und Körper mit Wasser. Im ersten Stock fegt ein junges Mädchen den gestampften Lehmboden des Schlafzimmers.

AUF DER SUCHE NACH HÄUSERN

Nur sehr wenige antike Dörfer und Städte sind erhalten geblieben. Die Ägypter leben im Grunde noch heute an denselben Orten und errichten neue Bauten einfach über den alten, sodass die Bebauungsschicht manchmal gut zehn Meter hoch sein kann. Da man die modernen Gebäude nicht einfach abreißen kann, um die älteren Schichten zu erforschen, können die Archäologen Ausgrabungen nur dort vornehmen, wo die Häuser verlassen sind, so etwa in Amarna, der Stadt Echnatons, und im Dorf Deir el-Medina, wo die im Tal der Könige beschäftigten Arbeiter lebten.

❹ Über eine Treppe gelangt man zur Terrasse, wo ein junges Mädchen gerade den Backofen zum Brot backen anheizt. Im Winter sitzen die Frauen hier gern zusammen, um in der Sonne zu spinnen und zu weben. Im Sommer, wenn im Haus erstickende Hitze herrscht, schläft die Familie nachts auf der Terrasse.

um 2683 v. Chr.
Thronbesteigung des Königs Djoser (2683-2664 v. Chr.). Von seiner Regierungszeit ist nur wenig bekannt. In Sakkara setzte man ihm jedoch ein gewaltiges Grabmal, zu dem auch die erste Pyramide Ägyptens gehört.

um 2680 v. Chr.
Ägypten ist in Provinzen oder Gaue unterteilt, die im Griechischen „nomoi" heißen. Zeitweise gibt es bis zu 42, von denen 20 in Unter- und 22 in Oberägypten liegen. Die Teilung vereinfacht die Verwaltung, die in der Hand der Nomarchen liegt.

Fruchtbare Erde

Als der Bauer und sein Sohn, mit Werkzeugen beladen, ihr Dorf verlassen, lastet auf den Äckern bereits die Sommerhitze. Glühend heißer Wind weht durch Palmwipfel und zartes Akazienlaub, während in den Feldern Weizen und Gerste geerntet werden.

Sobald die Bauern die Erdkrume mit Hacken und Ochsenpflügen aufgebrochen haben, wird gesät. Der Sämann trägt das Saatgut in einem Korb und verstreut die Körner von Hand breitflächig auf dem Acker.

Zufriedene Bauern

Die jährliche Überschwemmung ist ergiebig gewesen und das abfließende Wasser hat reichlich fruchtbaren Schlamm* zurückgelassen. Sofort eilen die Bauern zu den Feldern. Die Äcker gehören ihnen nicht selbst. Sie bestellen sie im Dienste des Pharao, des Staates, der Tempelpriester oder hoher Beamter. Ihre Arbeit wird von Aufsehern überwacht.

Mit Hacken und von Ochsen gezogenen Pflügen wird der Boden zu Winterbeginn aufgebrochen. Anschließend säen die Bauern Weizen und Gerste, die sie in geräumigen Schultersäcken herbeitragen. Schafe oder Schweine werden auf die Äcker getrieben, um das Saatgut tief in die Erde zu stampfen. Damit die Saat aufgeht, müssen die Felder nun ständig bewässert werden. Das Wasser stammt aus dem **dichten Kanalnetz**, mit dessen Hilfe das kostbare Nass über weite Strecken vom Nil hergeleitet wird. Die Bauern müssen das Leitungsnetz ständig in Stand halten.

Vor der Ernte werden die Felder von Landvermessern genau vermessen. Anhand der Größe werden die Steuern* berechnet.

Die Schnitter ernten nur die Weizenähren und lassen die Halme stehen. Ihnen folgen die Ährenleserinnen. Sie heben die Ähren vom Boden auf und sammeln sie in großen Körben, die sie zum Dorf zurücktragen.

um 2620 v. Chr.
Pharao Snofru (2620-2590 v. Chr.), Begründer der 4. Dynastie, ist ein eifriger Bauherr. Er lässt zwei Pyramiden in Dahschur und eine in Medum bauen. Dabei geht er von Stufenpyramiden zu solchen mit glatt verputzten Flächen über.*

um 2600 v. Chr.
Die Ägypter entwickeln ein Verfahren, das Leichen vor Verwesung schützen soll: das Einbalsamieren. Zu Beginn hat man damit noch wenig Erfolg, da man die Toten lediglich mit Stoffstreifen umwickelt.

Sorgsame Behandlung

Die Schnitter beginnen mit der Ernte von Weizen und Gerste. Mit ihren Sicheln, deren scharfe Klinge aus Feuerstein oder Bronze besteht, schneiden sie nur die Ähren ab und lassen die Halme stehen. Junge Mädchen, die ausnahmsweise bei der Feldarbeit helfen, sammeln heruntergefallene Ähren auf. Esel bringen die Körbe voller Getreide zur **Dreschtenne**, wo Ochsen die Ähren zertreten und auf diese Weise dreschen, also die Spelzen und Grannen, die äußere Schicht der Körner, ablösen. Anschließend sammeln die Bauern alles auf und beginnen mit dem **Worfeln**, bei dem das Getreide mit Holzschaufeln in die Luft geworfen wird. Der Wind trägt die Spreu fort, sodass nur die Körner zurückbleiben. Bei dieser schmutzigen Arbeit schützen die Männer ihre Köpfe mit weißen Tüchern. Zum Schluss werden die Körner in Getreidespeichern gelagert.

Die Körbe werden von Eseln zum Dreschplatz getragen. Dort zertreten Ochsen die Ähren, um die Spelzen von den Körnern zu lösen.

Bauern werfen beim „Worfeln" die Körner in die Luft. Der Wind trägt Spelzen und Verunreinigungen fort.

Wie man Steuern berechnet

Noch vor Beginn der Getreideernte kommen staatliche Inspektoren mit Landvermessern und Schreibern* auf die Felder. Sie prüfen, ob die Grenzsteine der Felder womöglich vom Hochwasser verschoben worden sind. Dann messen die **Landvermesser** die Entfernung zwischen den Markierungssteinen, berechnen die Feldfläche und schätzen den Umfang der Ernte ab. Die Inspektoren legen fest, welcher Teil der Ernte dem Eigentümer und welcher den Bauern zusteht und wie viel Steuern dafür zu zahlen sind.

Nach dem Worfeln ermitteln Schreiber*, wie viel Getreide geerntet wurde, dann bringt man die Körner zum Lagern in Getreidespeicher.

DER KALENDER

Das Jahr ist in drei Jahreszeiten unterteilt: Überschwemmung (Achet), Aussaat (Peret) und Ernte (Schemu). Jede davon umfasst vier Monate zu je 30 Tagen, insgesamt also 360 Tage. Um auf die 365 Tage des Sonnenjahres zu kommen, fügen die Ägypter ihrem Kalender fünf Tage hinzu. Doch auch das reicht nicht. Alle vier Jahr fehlt ein Tag, den wir heute in Schaltjahren hinzufügen. Bis ein bestimmtes astronomisches Phänomen wie der Frühaufgang des Sirius erneut am 19. Juli unseres Kalenders stattfindet, vergehen 1460 Jahre! Das bedeutet, dass die Jahreszeiten beweglich sind. Für die Bauern hat das keinerlei Bedeutung. Sie richten sich nach dem Rhythmus der Nilüberschwemmungen. Ab Mitte Juli tritt der Nil über die Ufer und zieht sich erst Mitte November zurück. Dann erfolgt die Aussaat bis Mitte März und bis Mitte Juli die Ernte.

um 2590 v. Chr.
Cheops (2590-2567 v. Chr.) baut die große Pyramide von Gizeh, die als einziges der sieben Weltwunder der Antike erhalten ist. Mit 147 m ist sie bis zum Bau der 13 m höheren Kathedrale von Lincoln im Jahr 1311 das höchste Bauwerk der Welt.

um 2558 v. Chr.
Cheops' Sohn Chephren (2558-2532 v. Chr.) besteigt den Thron und baut die zweite, 143,5 m hohe Pyramide von Gizeh. Außerdem lässt er die gewaltigste Statue Ägyptens aus dem Felsen meißeln: den Sphinx.

Saftige Weiden

Auf den Viehweiden herrscht an diesem Morgen Hochbetrieb. In die Rufe und Schreie der Menschen mischt sich das Gebrüll der Rinder. Mit ihren Stöcken treiben die Hirten die Kühe und Ochsen zusammen. Die Tiere lassen sich nur ungern vom saftigen, zarten Gras fortführen.

Unverwechselbare Besitzzeichen

Die Rinder werden zu einem hell lodernden Feuer geführt. Dort bringen die Hirten sie dazu sich hinzulegen und fesseln ihnen die Füße, während ein Mann einen Bronzestab aus dem Feuer zieht, dessen glühende Spitze in Form einer Gans geschmiedet ist. Er reicht das Brenneisen einem der Hirten, der ihn dem Rind auf die Kruppe drückt. Die Gans bleibt für immer in die Haut des Tieres eingebrannt und dient als Erkennungszeichen, mit dessen Hilfe man den Besitzer von Tieren ermitteln kann, die sich verlaufen oder einer fremden Herde angeschlossen haben. Die Gans ist dem Gott Amun heilig und weist das Rind als sein Eigentum aus. Wohlhabende Bauern besitzen ebenfalls einige Rinder, die jedoch keine Brandzeichen tragen. Die großen Rinderherden gehören vor allem dem König, dem Staat und den Göttern.

um 2532 v. Chr.
Mit seiner erheblich kleineren Pyramide schont Mykerinos (2532-2504 v. Chr.), ein Enkel des Cheops und Sohn des Chephren, den Staatshaushalt: Die dritte Pyramide von Gizeh ist nur noch 65 m hoch.

um 2500 v. Chr.
In Ur entsteht eine sumerische Totenstadt mit rund tausend Gräbern, darunter etwa 15 Adlige, die mit reichem Schmuck und ihren Dienern begraben werden. Menschenopfer sind in Mesopotamien bis etwa 2300 v. Chr. üblich.

Die Ägypter halten Bienen, um mit dem Honig ihre Kuchen zu süßen.

Sorgfältige Pflege

Auf den Weiden, von denen die Hirten die gefährlichen Krokodile fernhalten, und im Stall werden die Rinder sorgsam gepflegt. Gern gesehen sind die Kuhreiher, die sich den Tieren auf den Rücken setzen und ihnen Parasiten aus dem Fell picken. Sie leisten dem Rind damit gute Dienste. Jeden Tag werden die Kühe gemolken, um die Adligen mit Milch zu versorgen. Die Hirten helfen den Kühen auch beim Kalben. Die Schlachtochsen werden mit nahrhaftem Futter, das die Hirten selbst zubereiten, gemästet. Ihr Fleisch wird den Göttern geopfert, ist aber auch auf der Tafel des Königs und des Adels willkommen.

Viehzucht

Neben Rindern halten die Ägypter Ziegen und Schafe. Sie liefern Milch, Fleisch, Leder und Wolle. Die als unrein geltenden Schweine dagegen sind niemals in Tempeln und nur selten in Gräbern abgebildet. In den Dörfern allerdings gehören sie zum Alltag, denn die ärmere Bevölkerung ernährt sich von dem preiswerten Fleisch. In den Geflügelhöfen der großen Güter werden neben verschiedenen Arten von Gänsen, Enten und Kranichen auch Blässhühner und Turteltauben gehalten. Am Spieß gebraten, ist Geflügel eine vor allem den Reichen vorbehaltene Delikatesse.

Gewitzte Jäger, geschickte Fischer

Als Ergänzung ihres Speisezettels jagen die Bauern Wildenten und -gänse in den Sümpfen sowie Wachteln in den Stoppelfeldern. Für die Adligen ist die Jagd ein Sport. In der Wüste hetzen sie im Streitwagen Gazellen, Oryxantilopen und Steinböcken hinterher und jagen in den Papyrusdickichten mit Wurfstöcken nach Vögeln.

Auch die Fischerei ist Sache der Bauern, solange es um den Nahrungserwerb geht; für den Adel ist Angeln ein Freizeitvergnügen.

In Begleitung seiner Inspektoren und Schreiber* lässt sich ein großer Würdenträger seinen Viehbestand vorführen.

Auf diesem Holzboot werfen Bauern ein Fischernetz aus. Die kühneren Adligen spießen größere Fische mit der Harpune auf.

Ein belebter Marktplatz

Wenn die Graureiher aus den Papyrusdickichten am Flussufer erschrocken auffliegen, weiß man, dass wieder eine Barke eingetroffen ist. An Bord befinden sich ausländische Kaufleute, die ihre Waren auf dem Markt von Theben feilbieten und selbst dort einkaufen wollen.

2500 v. Chr.
Unter der 5. Dynastie* (2500-2350 v. Chr.) erreicht die Verehrung des Re, des Sonnengottes von Heliopolis, ihren Höhepunkt. Die Pharaonen bauen ihm riesige Tempel in ihren Grabanlagen, in deren Mitte ein Obelisk als Symbol der Sonne steht.

um 2350 v. Chr.
Unas (2370-2350 v. Chr.), der letzte König der 5. Dynastie*, lässt in die Wände seiner Pyramide erstmals Texte meißeln, die den Herrschern das Weiterleben im Jenseits erleichtern sollen. Sie beeinflussen den Totenkult der Ägypter nachhaltig.

Dichtes Gedränge

Auf dem Marktplatz in der Nähe des Hafens herrscht bereits Hochbetrieb. Da es keine Geschäfte gibt, können Stadt- und Dorfbewohner nur hier ihre Einkäufe erledigen. Sie gehen eine lange Allee entlang, an der Strohmatten auf groben Holzpfosten Schutz vor der Sonne bieten. Darunter breiten Bauern und Handwerker ihre Waren auf dem Boden aus. Um Kunden anzulocken, preisen sie lauthals die Vorzüge ihrer Produkte und verwickeln Passanten ins Gespräch. Dabei werden natürlich auch Neuigkeiten und Klatsch ausgetauscht.

Käufer und Verkäufer interessieren sich vor allem für das, was die neu eintreffenden Schiffsbesatzungen zu berichten haben. Die Matrosen erzählen von Ereignissen im Norden des Landes und im Ausland. In den Tavernen, wo das Bier in Strömen fließt, finden sie ein aufmerksames Publikum.

Die verschiedensten Waren

Auf dem Markt der blühenden Stadt Theben ist das Angebot an Lebensmitteln groß. Hier gackert eine fette Gans, dort zappeln frisch gefangene Fische, anderswo gurren Zuchttauben. Ein Stück weiter werden Stapel von Broten und Kuchen angeboten, daneben gibt es Krüge mit Dickmilch. Die Gemüsestände bieten Berge von Zucchini, Melonen, Lattich, Saubohnen, Linsen, Kichererbsen, grünen Bohnen, Zwiebeln, Lauch, Spargel und Petersilie an. Je nach Saison locken Körbe voller Datteln, Feigen und Sykomorefeigen, Dumpalmenfrüchte, saftiger Trauben, Akaziensamen, Granatäpfel, Brustbeeren und Johannisbrotfrüchte. Die aus Asien eingeführten Äpfel sind den Tafeln der Reichen vorbehalten.

Neben Lebensmitteln gibt es auf dem Markt auch Handwerksprodukte zu kaufen. Angeboten wird alles von Möbeln – Schemel, Stühle und Truhen – bis zu Sandalen, Stoffen, Töpferwaren, Weidenkörben, Schmuckstücken und Amuletten sowie Schreibutensilien.

Handelsgepflogenheiten

Es gibt noch kein Geld, um eine Ware zu bezahlen. Die ersten Münzen werden in Ägypten erst ab der 30. Dynastie* (380-342 v. Chr.) geprägt. Bis dahin muss man sich mit dem **Tauschhandel** behelfen. Käufer und Verkäufer vereinbaren Art und Menge der Tauschwaren. So kann man beispielsweise Gemüse mit Getreide bezahlen oder eine Vase gegen ein Paar Sandalen eintauschen. Je umfangreicher der Kauf ist, desto länger dauert das Feilschen.

19

um 2334 v. Chr.
König Sargon I. von Akkad (2334-2279 v. Chr.) vereinigt die Stadtstaaten des Sumererreichs und gründet das erste große Königreich Mesopotamien. Diese Kultur, vor allem ihre Schrift und Religion, breitet sich über die gesamte Region aus.

um 2300 v. Chr.
Die Hethiter siedeln sich in Anatolien an, der heutigen Türkei. Sie zählen zu den indoeuropäischen Völkern, die derselben Sprachfamilie angehören, und stammen aus dem Gebiet zwischen Nordarmenien, dem Kaspischen Meer und Zentralasien.

Im Dienste des Herrn

In den Straßen Thebens bahnt sich ein Esel am Zügel seines Herrn den Weg durch die Menge. Unvermittelt bleibt er vor dem schönen mehrstöckigen Haus einer reichen Familie stehen. Der Mann liefert seinem Herrn Gemüse ab, das er am selben Morgen auf dessen Ländereien vor den Toren der Stadt geerntet hat.

Appetitliche Düfte

Die im Erdgeschoss gelegenen **Küchen** quellen über vor Gemüse, Obst, Fleisch, Geflügel und Fischen. An einem Tisch zerlegt ein geschickter Koch mit einem scharfen Bronzemesser ein Rinderviertel, wirft die Stücke in einen großen tönernen Kessel und gibt Zucchini, Rübchen, Zwiebeln und Lauch dazu. Hin und wieder rührt er das auf kleiner Flamme köchelnde Ragout mit einem Holzstab um und schmeckt es mit Koriandersamen, Knoblauch und Wacholderbeeren ab. Über einem offenen Feuer auf dem Fußboden braten zwei Küchenjungen eine Gans und eine Ente am Drehspieß. Ein anderer Koch salzt Fische ein, damit sie sich länger halten.

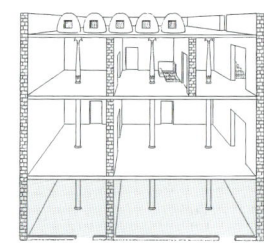

Querschnitt durch ein typisches Haus hoher Beamter

um 2300 v. Chr.
An den Wänden seines Grabes in Sakkara lässt der ägyptische Wesir* Mereruka spielende Kinder darstellen. Es sind Spiele, die Kraft und Geschicklichkeit erfordern, etwa Bockspringen für Jungen oder Ballspiele, Tanz und Akrobatik für Mädchen.

2279 v. Chr.
Pepi II. (2279-2219 v. Chr.) wird mit sechs Jahren Pharao und regiert 60 Jahre lang. Hirkuf, sein Statthalter auf Elephantine, erforscht für ihn Nubien und den Nordsudan und bringt von dort einen Pygmäen mit, der den jungen König sehr erstaunt.

Brot und Bier

Auf einer Seite des Raums zieht der **Bäcker** soeben runde, ovale und dreieckige Brote aus dem Backofen und schiebt dafür Kuchen hinein, die an Festtagen zu Menschen- und Tierfiguren geformt werden. Aus Weizenmehl, Eiern und Milch wird mit Honig oder Datteln gesüßtes Gebäck hergestellt. In einem Gärbottich schwimmen kurz gebackene Gerstenbrote im Wasser. Ein Mann ist gerade dabei, diese Maische durch ein Sieb in Krüge abzufüllen und drückt dabei die Brote gründlich aus. Zum Würzen fügen die **Brauer** dem Bier oftmals vergorenen Dattelsaft hinzu. Bier ist das verbreitetste Getränk Ägyptens.

Heimarbeit

In den Werkstätten sind Dienerinnen mit dem Spinnen von Flachs beschäftigt, der wichtigsten Textilfaser. Die Fasern werden zunächst grob mit den Fingern gedreht und dann mithilfe schneller Drehungen mit der hängenden Spindel immer dünner und fester verzwirnt. Die zum Haushalt gehörenden **Weber und Weberinnen** fertigen aus diesem Garn an einem senkrechten Webstuhl Leinenstoffe. Die Herstellung von Kleidungsstücken ist denkbar einfach: Für einen Lendenschurz braucht man lediglich ein rechteckiges Stück Stoff um die Taille zu verknoten. Bei Kleidern und Hemden sind Seitennähte und ein paar Stiche für Träger und Ärmel erforderlich. Die eleganten Plisseestoffe entstehen dadurch, dass man den feuchten Stoff wie eine Ziehharmonika faltet und fest verschnürt trocknen lässt.

❶ In der Werkstatt spinnen Frauen Flachs.
❷ Die Weber stellen an einem senkrechten Webstuhl feine Leinenstoffe her.
❸ Der Bäcker zieht vorsichtig Brote aus dem Backofen.
❹ Die Brauer filtrieren das Bier. Für seine Herstellung werden Gerstenbrote in einem Bottich ❺ mit Wasser eingeweicht.
❻ Ein Koch bereitet ein Ragout zu, ein anderer beaufsichtigt einen am Spieß bratenden Ochsen.
❼ Diener bereiten Geflügel zum Braten und Fische zum Einsalzen vor.

DIENER FÜR DIE EWIGKEIT

Im Alten Reich (2700-2200 v. Chr.) und im Mittleren Reich (2046-1710 v. Chr.) findet man als Grabbeigaben die Figuren von Arbeitern, etwa Bauern bei der Feldarbeit, Trägerinnen mit Opfergaben, Bäcker, Brauer, Metzger und Köche beim Braten von Geflügel. Sie alle sollen die Verpflegung des Toten im Jenseits sicherstellen. Ziegelhersteller und Weber sorgen für seine Bequemlichkeit, Musiker für Unterhaltung. Durch diese Figürchen soll es dem Toten in der Ewigkeit an nichts fehlen.

2219 v. Chr.
Aufgrund der Unruhen gegen Ende des Alten Reichs gelangt erstmals eine Frau auf Ägyptens Thron. Allerdings weiß man von dieser Königin nichts außer ihrem Namen, der auf ägyptisch Neterikere lautet und bei den Griechen zu Nitokris wurde.

2205 v. Chr.
Für Historiker, die sich mit dem alten China beschäftigen, markiert dieses Jahr den Beginn der Hsia-Dynastie, die 1800 v. Chr. endet. Ob es diese Herrscherfamilie tatsächlich gab oder es sich nur um eine Legende handelt, ist ungewiss.

Mode und Körperpflege

Während die Diener Wohnraum und Empfangssalon im ersten Stock fegen, beenden ihre Herrschaften in ihren Privatgemächern im zweiten Stock gerade ihre Toilette. Die reichen Ägypter legen enormen Wert auf ein gepflegtes Äußeres.

Im Palast des Königs Ramses III. in Medinet Habu sieht man noch ein richtiges Duschbecken mit Abfluss und Fliesenspiegel.

— Eine Dusche für die hohen Herren

Lediglich die Häuser der Würdenträger sind mit **Sanitäranlagen** ausgestattet, also Badezimmern und Toiletten. Wenn sich der Hausherr waschen will, setzt er sich in ein Steinbecken und ein Diener begießt ihn mit Wasser aus einem Krug. Manchmal gießt er das Wasser auch in eine Art Sieb, das wie ein Brausekopf wirkt. Von dem Becken aus fließt das Wasser durch eine Rinne in einen großen Krug, der außerhalb des Hauses entleert wird. Oberhalb des Beckens schützen dicke Kalksteinplatten die Lehmziegelwände vor Feuchtigkeit.

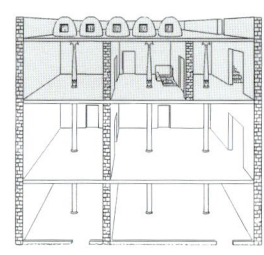

Querschnitt durch ein typisches Haus hoher Beamter

um 2200 bis 2050 v. Chr.
Mit dem Zerfall des Alten Reichs beginnt eine 150 Jahre dauernde Zeit der Unruhen. Die Statthalter üben in ihren Provinzen die Macht aus und bekämpfen sich unablässig, um ihr Gebiet auszuweiten. Das Land wird von Hungersnöten heimgesucht.

um 2100 v. Chr.
König Ur-Nammu lässt in Ur im heutigen Irak die erste Zikkurat Mesopotamiens bauen. Dieser mehrstöckige Turm soll Himmel und Erde, Götter und Menschen verbinden. Auf der oberen Plattform finden Kulthandlungen statt.

Duft und Schönheit

Nach dem Abtrocknen verwöhnen reiche Ägypter und Ägypterinnen ihren Körper mit duftenden **Ölen und Salben**, die aus Tierfett und Pflanzenextrakten wie z.B. Lilien hergestellt werden. Diese Kosmetika machen die Haut zart und lassen sie gut riechen. Beide Geschlechter schminken sich mit schwarzem **Kajal** die Augenkonturen und färben die Oberlider dunkelgrün. Die Herren lassen sich von Barbieren den Bart rasieren. Behaarung gilt bei Männern als abscheulich, lediglich zum Zeichen der Trauer um einen nahe stehenden Menschen lässt man Haare wachsen. Auf dem kahl rasierten Kopf tragen die Männer eine je nach Epoche lang- oder kurzhaarige **Perücke**. Die Frauen tragen langhaarige Haarteile mit dichten Locken, die manchmal an der Vorderseite das echte Haar erkennen lassen. Über Nacht werden die aus echtem Menschenhaar gefertigten Perücken in Truhen verwahrt.

Kleidung und Schmuck

Die Bekleidung der Reichen folgt den Launen der Mode. Im Alten und Mittleren Reich tragen die eleganten Damen lange, gerade geschnittene, eng anliegende Trägerkleider. Im Neuen Reich hüllen sie sich in weite, plissierte Gewänder, die bis über die Schultern reichen, während die Herren unterschiedlich lange Lendenschurze und Hemden tragen, die manchmal mit Borten besetzt sind. Die Kleider werden aus **feinem, weichem Leinen** gefertigt und sind meist weiß. An den Füßen trägt man Sandalen aus Papyrus* oder Leder. Darüber hinaus schmücken sich die Adligen mit Schmuck in Form von Halsketten, Armreifen, Finger- und Ohrringen. Die schönsten Stücke sind aus Gold gefertigt und mit Einlegearbeiten aus buntem Glas oder Halbedelsteinen wie Lapislazuli, Türkis und Karneol verziert. Schlichtere Schmuckstücke bestehen aus Fayence*.

Raherka und seine Gattin Merseanch leben zwischen 2500 und 2350 v. Chr. Er trägt einen kurzen Lendenschurz und eine kurzhaarige Locken- perücke, sie ein gerade geschnittenes, eng anliegendes Kleid und eine schulterlange Perücke.

um 2046 v. Chr.
Mentuhotep II. (2046-1995 v. Chr.) bewirkt die Wiedervereini- gung Ägyptens und lässt sich zum Pharao krönen. In Deir el-Bahari bei Theben baut er einen Tempel und eine majestätische Grabanlage für sich und die Frauen der königlichen Familie.

um 2000 v. Chr.
Die ersten Hellenen, Ionier und Achäer indogermanischer Herkunft erobern Griechenland und siedeln sich dort mit Gewalt an. Sie erlernen von der dortigen Bevölkerung die Kultur des Ölbaum- anbaus, den Weinbau sowie die Navigation.

SAUBERE WÄSCHE

In armen Familien waschen die Frauen selbst die Wäsche. Der König, die Würdenträger und Arbeitersiedlungen, wie z.B. bei den Königs- gräbern, beschäftigen ganze Armeen von Wäschern. Gewaschen wird am Ufer des Nils oder eines Kanals. Die aus weißem Leinen, seltener aus Wolle gefertigten Kleidungs- stücke werden in Bottichen eingeweicht, manchmal in erhitztem Wasser und anstelle von Seife mit Natrium- bikarbonat bestreut. Dann walkt man die Wäsche kräftig auf Steinen und spült sie im fließenden Wasser aus. Anschließend wird sie ausgewrungen und ausgebreitet. In der Sonne trocknet sie rasch.

Rund tausend Jahre später sieht man hier Maia, den Schatz- meister Tutanchamuns, und seine Gemahlin Merit in eleganten Plisseekleidern und langhaarigen Perücken

Die Familie als Gemeinschaft

Im Haushalt herrscht Hochbetrieb. Herrschaft und Diener bereiten die Hochzeit der ältesten Tochter vor. In wenigen Tagen wird die junge Frau ihr Elternhaus verlassen und zu ihrem frisch angetrauten Gemahl ziehen.

In seinem Grab ist Inherkhau, Vorarbeiter in Deir el-Medina, mit seiner Frau und seinen Kindern abgebildet. Weitere Personen reichen ihm Grabbeigaben.

Mit oder ohne Liebe

Es gibt Liebesheiraten, wenn auch nicht sehr oft. Im Allgemeinen bestimmt der Vater, wem er seine Tochter zur Frau gibt und er benötigt nicht einmal ihre Zustimmung. Junge Mädchen werden mit fünfzehn Jahren verheiratet, die Jungen etwas später, mit rund zwanzig Jahren, nachdem sie einen Beruf erlernt haben. Die Brautleute stammen aus demselben sozialen Umfeld. Adlige heiraten nur untereinander, ebenso Bauern und Handwerker. Die überwiegende Mehrheit der Ägypter hat nur eine Ehefrau, während dem König mehrere Gemahlinnen zustehen. Er darf sogar eine seiner Schwestern oder Töchter heiraten. Solche Inzest-Ehen finden sich nur in bestimmten Epochen und ausschließlich innerhalb der Königsfamilie.

Die Eheschließung wird weder religiös noch rechtlich besiegelt, sondern wird mit dem Einzug der Frau in das Haus ihres Gatten geschlossen. Dieses Ereignis darf allerdings gefeiert werden und die Brautleute erhalten Geschenke.

um 2000 v. Chr.
Das semitische Volk der Amoriter aus dem Norden der arabischen Halbinsel siedelt sich in Mesopotamien an und reißt in einigen Städten die Macht an sich, etwa im reichen syrischen Mari. Sie gründen das Königreich Amurru.

um 2000 v. Chr.
Auf Kreta beginnen die Minoer mit dem Bau von Palästen. Diese um 3000 v. Chr. aufgetauchte Kultur erreicht ihren Höhepunkt zwischen 1700 und 1450 v. Chr. Ihre Kennzeichen sind prachtvolle Paläste wie der in Knossos, Malereien und Plastiken.

Eine junge Mutter gebiert in der Hocke ihr Kind. Dabei stehen ihr zwei Hathor-Figuren zur Seite. Die Göttin ist ebenso wie Toeris Beschützerin der Frauen.

Rechte und Pflichten

Die Pflicht jeder Ehefrau ist es, Kinder zu gebären und den Haushalt zu führen. Nur die wenigsten einfachen Frauen üben eine eigenständige Berufstätigkeit aus. Höhere Töchter können jedoch sogar in der Verwaltung des Königshauses tätig sein. Der Ehemann muss seiner Frau Respekt entgegenbringen und ihr treu sein. Die Frau muss ihren Mann ehren.

Verstehen sich die Eheleute nicht, kann jeder von beiden die Scheidung verlangen. Dass sie in diesem Fall ihren Besitz aufteilen müssen, schreckt viele von einer Trennung ab. Ein Drittel des gemeinsamen Besitzes geht an die Frau, zwei Drittel behält der Mann. Jedem bleibt das, was er oder sie vor der Ehe hatte, das heißt, die Frau nimmt ihre Aussteuer wieder mit.

Kleinfamilien

Die Familie besteht aus Vater, Mutter und Kindern. Sobald die Kinder erwachsen sind, gründen sie selbst einen Haushalt und leben in ihren eigenen vier Wänden. Manche Familien nehmen verwitwete oder mittellose Verwandte auf.

Die Geburt der Kinder wird mit Ungeduld erwartet. Für die Niederkunft erbittet die Gebärende den Schutz dreier Gottheiten: des Zwerges Bes, der Nilpferdgöttin Toeris und der Göttin Hathor. Die Kindersterblichkeit ist recht hoch, weil die Medizin noch nicht sehr weit entwickelt ist. Im Dorf Deir el-Medina leben im Durchschnitt drei Kinder in jedem Haushalt, doch berücksichtigt diese Zahl nicht die bereits verheirateten oder verstorbenen Kinder.

FRAUEN AUF DEM THRON

Frauen waren im alten Ägypten den Männern gleichgestellt. Die Gemahlin des Pharao übernahm oft wichtige Ämter und konnte großen Einfluss auf ihren Ehemann oder Sohn ausüben. Fünfmal übernahmen Frauen die Regierung. Über Nitokris (6. Dynastie*), Nefrusobek (12. Dynastie*) und Ankhetkheperoure (18. Dynastie*) weiß man allerdings nichts. Lediglich Hatschepsut (1479-1458 v. Chr.) und Tausret (1188-1186 v. Chr.) sind wohl bekannt. Erstere ist zunächst Regentin für ihren Neffen, letztere für ihren Schwiegersohn. Beide werden später zu Pharaoninnen ernannt und erhalten als Attribute des Königtums Kronen, Lendenschurz, (falschen) Bart und Zepter.

Dieses Gefäß, das möglicherweise Milch enthielt, stellt eine stillende Mutter dar.

um 1976 v. Chr.
Amenemhet I. (1976-1947 v. Chr.), Wesir* und später König, begründet die 12. Dynastie* und stärkt die Königsmacht, indem er die Macht des Adels einschränkt. Nach 30 Jahren Herrschaft wird er bei einer Haremsintrige ermordet.

um 1956 v. Chr.
Sesostris I. (1956-1910 v. Chr.) setzt das Werk seines Vaters Amenemhet I. fort. Er baut zahlreiche Tempel im Land und sichert die Grenzen durch die Gründung der ersten Festungen des Mittleren Reichs in Nubien.

Wissensdurst

Frühmorgens wimmelt es in den Straßen Thebens von Knaben, die zur Schule eilen. Nicht alle gehen in dieselbe Richtung, denn einige besuchen die zum Tempel von Karnak gehörige Schule, andere werden von der staatlichen Verwaltung ausgebildet.

um 1950 v. Chr.
Die phönizische Hafenstadt Byblos im heutigen Libanon nimmt nach den Unruhen der Ersten Zwischenzeit erneut Handelsbeziehungen zu Ägypten auf. Die Ägypter erhalten Zedernholz im Tausch gegen Luxusartikel.

um 1950 v. Chr.
Die Schreiber* des Mittleren Reichs verfassen die klassischen Werke der altägyptischen Literatur, darunter die Erzählung des Sinuhe, die Geschichte des Schiffbrüchigen und die Satire der Berufe.

Begrenzter Zugang

Nicht alle Kinder dürfen zur Schule gehen. Mit Ausnahme einiger Prinzessinnen und der Töchter hoher Würdenträger sind Mädchen dort gar nicht zugelassen. Sie bleiben zu Hause und helfen der Mutter im Haushalt und beim Kochen. Auch die Söhne der Bauern und Handwerker gehen nicht zur Schule, sondern erlernen das Handwerk des Vaters. Den Unterricht besuchen die Söhne von Würdenträgern und Verwaltungsbeamten aller Stufen. Die Ausbildung beginnt meist im Alter von fünf oder sechs Jahren und dauert zehn bis fünfzehn Jahre. Danach darf sich der Jüngling stolz Schreiber* nennen, das heißt, er ist ein gebildeter, vornehmer Mann, der Lesen und Schreiben beherrscht.

Gezielte Unterweisung

Die großen **Tempelschulen** bilden nicht nur Priester und Künstler aus, sondern auch Mitarbeiter für die Verwaltung der oft riesigen Güter. An den **Verwaltungsschulen** lernen die Schüler rechnen, Berichte und Briefe schreiben, Befehle geben und ausführen. Nur die künftigen Priester und Künstler erlernen die Hieroglyphen*, die heilige Schrift, während die übrigen die im Alltag übliche hieratische* Schrift lernen, deren Zeichen viel leichter zu schreiben sind. Die **Palastschule** bildet neben den Prinzen auch die Söhne hoher Beamter aus, die ihnen später bei der Regierungsarbeit zur Seite stehen sollen.

Tägliche Übungen

Der Unterricht findet in einem Hof unter freiem Himmel statt. Der Lehrer ist ein fest angestellter Schreiber. Er bringt den Kindern bei, wie man die Schriftzeichen zeichnet, lässt sie Diktate schreiben und aus dem *Kemet* abschreiben, einem der ersten Schulbücher überhaupt. Es enthält eine Sammlung gängiger Sätze und Ausdrücke. Die älteren Schüler kopieren literarische Texte wie die *Satire der Berufe*, in dem der Beruf des Schreibers gelobt wird. Neben Schreiben und Grammatik steht auch Rechnen auf dem Lehrplan, denn jeder Schreiber muss mit Zahlen umgehen können. Je nach angestrebtem Fachgebiet lernen die Schüler außerdem Geografie, Medizin oder Astronomie.

um 1872 v. Chr.
Sesostris III. (1872-1853 v. Chr.) führt eine große Verwaltungsreform durch und ersetzt die Gaufürsten durch staatstreue Beamte. Er verstärkt die Südgrenze des Landes durch eine aufwändige Verteidigungsanlage gegen den Nachbarn Kerma.

um 1853 v. Chr.
Ein halbes Jahrhundert lang regiert Amenemhet III. (1853-1806 v. Chr.) ein gut organisiertes, reiches Land. Er baut in der Faijum-Oase Bewässerungsanlagen sowie eine Pyramide in Dahschur und eine weitere in Hawara, wo er begraben liegt.

Die Schreibkunst

In der Tempelschule sitzen die Knaben über ihre Paletten gebeugt und zeichnen Falken, Eulen, Schlangen, Schilfrohr, Menschen und Götter. Nach und nach erlernen sie den Umgang mit den Hieroglyphen*, den heiligen Schriftzeichen, mit denen Wände von Tempeln und Gräbern überzogen sind.

So liest man Hieroglyphen

Hieroglyphen werden in waagerechten oder senkrechten Reihen geschrieben und von oben nach unten und von rechts nach links oder von links nach rechts gelesen. Um zu wissen, wo der Anfang ist, muss man die Richtung der Zeichen beachten. Sind Pflanzen wie hier das Schilf, Vögel oder Menschen nach rechts ausgerichtet, liest man von rechts nach links, zeigen sie nach links, liest man von links nach rechts.

Die Hieroglyphenschrift umfasst zwei große Gruppen von Zeichen. Die einen – Begriffs- und Lautzeichen – werden ausgesprochen, die anderen – die Determinativa – bleiben stumm. Zur Zeit der Pharaonen sind 700 Schriftzeichen in Gebrauch, in griechisch-römischer Zeit bis zu 6000.

Vor der Übersetzung werden die Hieroglyphen in eine fonetische Umschrift übertragen (hier kursiv gesetzt).

Gesprochene Zeichen

Ideogramme stehen für ein ganzes Wort oder einen Begriff. Noch heute findet man solche Begriffszeichen häufig an öffentlichen Orten, sie gehören zu unserem Alltag. Dabei kann es sich zum Beispiel um den Hinweis auf einen Fahrstuhl in einem Kaufhaus handeln, der statt des Wortes „Aufzug" eine Zeichnung enthält. Ideogramme haben den Vorteil, leicht verständlich zu sein, selbst für diejenigen, die eine andere Sprache sprechen.

Fonogramme entsprechen einem oder mehreren Lauten. Sie bestehen aus Ideogrammen, die wie beim Bilderrätsel verwendet werden, etwa wenn man im Deutschen das Wort „Urlaub" als „Uhr" und als „Blätter" darstellt. Wollte man im Ägyptischen das Wort für Himmel schreiben, „pt", zeichnete man das Ideogramm für „Stuhl", das „pe" gesprochen wurde, dann das Ideogramm für „Brot", das „te" lautete. So entsteht ein neues Wort, das weder mit Stuhl noch Brot etwas zu tun hat.

Es gibt drei Klassen von Fonogrammen. 30 haben je einen Buchstaben wie „m" oder „f". Sie bilden das so genannte ägyptische Alphabet, das eigentlich keines ist, da die Schreiber* es nicht durchweg zum Schreiben benutzen. Daneben gibt es Zeichen, die zwei Buchstaben enthalten, etwa „sw" („su" ausgesprochen) oder sogar drei, etwa „htp" („hetep" ausgesprochen).

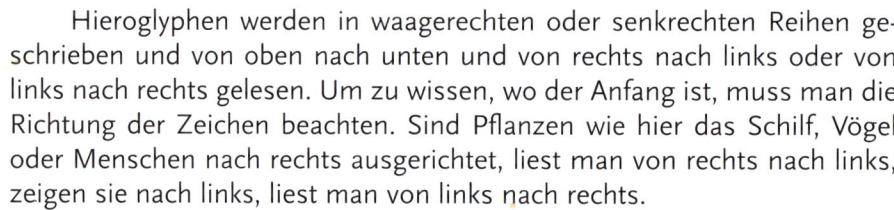

Leserichtung ←

Leserichtung →

Das Brot kann als Begriffszeichen für „Brot" („te") gelesen werden, aber auch als Lautzeichen „t".

Fonogramm der zwei Buchstaben „sw": ein Schilfrohr.

Fonogramm der drei Buchstaben „htp": ein Brot auf einer Matte.

Leserichtung ←

Leserichtung ↓

Der Stuhl kann als Begriffszeichen für „Stuhl" („pe") gelesen werden, aber auch als Lautzeichen „p".

Fonogramm des Buchstabens „m"

Fonogramm des Buchstabens „f"

um 1800 v. Chr.
Assyrische Kaufleute nehmen im großem Stil Handel mit den Hethiterstädten Anatoliens in der heutigen Türkei auf und gründen dort Kolonien. Sie tauschen Wolle, Tuch und Zinn, die von Eseln transportiert werden, gegen Gold und Silber ein.

1797 v. Chr.
In Ägypten endet die 12. Dynastie* im Chaos. Zum zweiten Mal übernimmt eine Frau in unruhiger Zeit die Macht: Königin Nefrusobek, von der man so gut wie nichts weiß. Einzig eine Büste von ihr wird im Louvre-Museum in Paris aufbewahrt.

Das Wort „*pt*" setzt sich aus den Fonogrammen „*p*" und „*t*" zusammen, gefolgt vom Zeichen für „Himmel" als Determinativum.

„Geliebt von Amon-Re, dem Herrn des Thrones der Zwei-Erden", in Hieroglyphen ❶, hieratischer ❷, demotischer ❸ und koptischer ❹ Schrift.

Stumme Zeichen

Am Wortende fügt man ein Zeichen hinzu, das die Wortklasse kennzeichnet und das Lesen erleichtert, außerdem unterscheidet es gleich lautende Wörter. Eine eigene Bedeutung haben diese **Determinativa** jedoch nicht, sie bleiben stumm und fallen beim Übertragen weg.

Die Entwicklung der Schrift

Im Alten Reich (2700-2200 v. Chr.) erfinden die Schreiber* die hieratische* Schrift mit Zeichen, die von den Hieroglyphen* abgeleitet sind. Sie wird im 7. Jahrhundert v. Chr. von der vereinfachten demotischen Schrift abgelöst. Dann taucht im 3. Jahrhundert n. Chr. die koptische Schrift auf, die mit dem griechischen Alphabet und den sieben demotischen Buchstaben die ägyptische Sprache wiedergibt. Nach der Eroberung Ägyptens durch die Araber im Jahr 642 zwingen diese ihre Sprache dem Land auf, doch bleibt das Koptische in den christlichen Kirchen Ägyptens erhalten.

❶

❷

❸

MHIЄMOYNΛƏCONTHP ❹

HIEROGLYPHEN	UMSCHRIFT	AUSSPRACHE	NAME DES BUCHSTABENS
	ꜣ	a	aleph
	j	i	yod
	y	i	Doppel-yod
	ꜥ	a	aïn
	w	ou	ou
	b	b	b
	p	p	p
	f	f	f
	m	m	m
	n	n	n
	r	r	r
	h	h gehaucht	h₁
	ḥ	h gehaucht	h₂
	ḫ	ch wie im dt. „ach"	h₃
	ẖ	ch wie im dt. „ich"	h₄
	s	s	s
	š	ch	ch
	q	k	qof
	k	k	kaf
	g	g	g
	t	t	t
	ṯ	ti	tch
	d	d	d
	ḏ	di	dj

1766 v. Chr.
Die von 1766-1122 v. Chr. in Nordchina herrschende Shang-Dynastie fördert die Herstellung äußerst hochwertiger Bronzegefäße. Die Religion ist stark von der Ahnenverehrung geprägt.

um 1755 v. Chr.
Hammurapi (1792-1750 v. Chr.), ein König der 1898 v. Chr. gegründeten 1. Dynastie Babylons, legt den Grundstein für das babylonische Reich in Mesopotamien. Um 1755 v. Chr. sammelt er die dort gefällten Gerichtsurteile im „Kodex Hammurapi".

Der Verwaltungsapparat

Die meisten Schreiber* sind Verwaltungsbeamte und stolz auf ihren geistigen Beruf, zumal sie sich den Bauern und Handwerkern weit überlegen fühlen. Mit ihrem Schicksal sind sie offensichtlich rundum zufrieden, zudem scheinen sie durch und durch ehrlich zu sein. Doch entspricht dieses Idealbild tatsächlich der Wirklichkeit?

Ein Heer von Schreibern*

Schreiber* findet man überall im Land. Sie arbeiten vor allem im Dienst des Staates, der durch den König verkörpert wird, der Tempel und einiger hoher Würdenträger. Vom Minister bis zum kleinen Angestellten werden alle Schreiber* in Klassen eingeteilt. Jeder hat einen Vorgesetzten, sogar die Minister, die dem König direkt unterstehen. Die Beamten folgen somit einer äußerst strengen **Hierarchie**.

Starke Zentralisierung

Seit Anbeginn der Geschichte, um 3100 v. Chr., bemühen sich die Könige um eine **Zentralisierung der Verwaltung** mit der Hauptstadt als Mittelpunkt. Von dort aus gehen Anordnungen ins ganze Land, dorthin senden alle regionalen, städtischen oder dörflichen Beamten ihre Berichte.

Mächtige **Minister**, die zahlreiche Schreiber* beschäftigen, teilen sich die Verwaltung der Rohstoffe des Landes. So führt etwa die Felderbehörde Ober- und Unterägyptens das Register der Steuerzahler und treibt die Steuer* auf Getreide ein. Die Viehbehörde zählt die Herden und erhält einen Teil der Tiere als Steuerzahlung. Der Staatskämmerer, eine Art Finanzminister, überwacht die übrigen Produkte und Rohstoffe wie Gold, Kupfer, Holz, Weihrauch und Öl. Der Wesir* entspricht etwa einem Ministerpräsidenten und überwacht die übrigen Minister, zu manchen Zeiten die des ganzen Landes, zu anderen nur die des ihm unterstehenden Landesteils.

DER SCHÖNSTE ALLER BERUFE

In einem berühmten literarischen Text, der Satire der Berufe, preist ein Schreiber namens Keti die Vorzüge seiner Arbeit und betont, sie verlange ihm keinerlei körperliche Anstrengung ab. Um die Überlegenheit seines Berufs und seiner sozialen Stellung herauszustreichen, macht er sich über Töpfer, Soldaten, Bauern, Bäcker, Priester, Wäscher, Gärtner, Barbiere und Weber lustig. Selbst der bescheidenste Schreiber* genießt in diesem überwiegend von Analphabeten bewohnten Land einen gewissen Respekt.*

Der berühmte hockende Schreiber* aus dem Louvre-Museum ist ein Würdenträger, der sich als Gelehrter darstellen ließ. Sein Name ist nicht überliefert.

 1749 v. Chr.
In Mesopotamien erzählt ein kleiner Junge auf einer Tontafel von seinem Alltag in der Schule, wo er vor allem in der Keilschrift in akkadischer Sprache unterwiesen wird. Er ritzt die Zeichen mit einem spitzen Griffel in eine weiche Tontafel.

1710 v. Chr.
Ägypten fällt erneut ins Chaos, es beginnt die so genannte Zweite Zwischenzeit (1710-1550 v. Chr.). Das geschwächte Königshaus ist nicht mehr in der Lage, die zahlreichen Fürstentümer des Landes zu regieren.

Die Arbeitsmittel der Schreiber* sind Palette, Kalmus* und Papyrus*.

KEIN BENEIDENS-WERTER POSTEN

Ihren Briefen ist zu entnehmen, dass das Leben der Schreiber viel weniger angenehm ist, als es die Satire der Berufe glauben machen will. Oft werden sie an entlegene Orte versetzt, wo sie es alles andere als bequem haben. Um 1100 v. Chr. hadert ein Schreiber*, der in einem kleinen Nest im Westen des Nildeltas gestrandet ist, mit seinem Schicksal: Er langweile sich zu Tode und verbringe seine Tage damit, Vögel zu beobachten, zu jagen und zu fischen und träume dabei von einem besseren Dasein. Er klagt über Blut saugende Mücken und Meuten herrenloser Hunde, die herbeilaufen, sobald seine Diener einen Krug Bier öffnen.*

Eine Verwaltung, eine Kultur

Dank dieser gründlichen und **strengen Organisation** sind die Könige im Alten Reich (2700-2200 v. Chr.) sehr wohlhabend. Sie können auf Massen von Arbeitskräften zurückgreifen und sind dadurch in der Lage, so aufwändige Arbeiten wie den Bau einer Pyramide in Angriff zu nehmen. Ist das Königtum in unruhigen Zeiten wie der Ersten Zwischenzeit geschwächt, funktioniert auch die Zentralverwaltung nicht mehr. Das Land verarmt, das Volk leidet unter Hungersnöten.

Der Kampf gegen die Bestechlichkeit

Sind die Könige mächtig, wenden sie sich erbarmungslos gegen Machtmissbrauch, wie die Berichte von Gerichtsverfahren beweisen. Doch auch das hindert einige bedenkenlose Schreiber* nicht daran, sich mithilfe ihres Postens selbst zu bereichern. So beispielsweise ein hoher Beamter, der für die Verwaltung der Magazine mehrerer thebanischer Tempel unter Ramses II. zuständig ist. Er bessert sein Einkommen dadurch auf, dass er sich großzügig aus den Gütern des Gottes bedient. Dann jedoch wird er befördert und an einen anderen Ort versetzt, was ihn ärgert. Seine Frau und seine Tochter, beide genauso habgierig wie er selbst, führen seine Machenschaften fort. Sie sind jedoch weniger geschickt, denn sie werden ertappt. Unbeeindruckt von der Anklage und den vorgelegten Beweisen, bestreitet der Mann jede Schuld und beschwert sich sogar noch, er sei Opfer einer Ungerechtigkeit. Trotz seiner Proteste findet er jedoch vor seinen Richtern keine Gnade und wird zu einer schweren Strafe verurteilt.

Das Ramses II. geweihte Ramesseum ist von Vorratsräumen aus Lehmziegeln umgeben, in denen die Besitztümer des Tempels gelagert werden. Um ein solches Lager muss es sich in dem Gerichtsverfahren gegen den habgierigen Schreiber gehandelt haben.* ➤

um 1700 v. Chr.
Die Schreiber* Babyloniens verfassen in akkadischer Sprache das erste Gilgamesch-Epos, die Geschichte des sumerischen Königs Gilgamesch und seinem Streben nach Unsterblichkeit. Das Epos gehört zu den ältesten literarischen Texten der Menschheit.

um 1650 v. Chr.
Die Hyksos machen sich die Unruhen in Ägypten zu Nutze, um in Unterägypten die 15. Dynastie* zu gründen. Ihr ägyptischer Name bedeutet „Herrscher der Fremdländer" und bezeichnet Nomadenvölker aus den Wüsten von Syrien und Palästina.

Gewaltige Verantwortung

Mildes Licht dringt durch die Fenstergitter in den riesigen Audienzsaal. An seinem Ende thront der **Wesir*** Oberägyptens, der zweitmächtigste Mann im Reich nach dem Pharao, dem er seine Ernennung verdankt. Er ist oberster Richter und leitet zugleich die Verwaltung des halben Königreichs.

Ein wohl verwaltetes Gebiet

Der Wesir* **verwaltet das Reich.** Bei den Audienzen hält er sich auf dem Laufenden über die landwirtschaftlichen Erträge und den Zustand von Kanälen und Straßen. Dazu erstatten ihm seine Beamten der Reihe nach Bericht. Nach einer ehrerbietigen Verbeugung schildert einer von ihnen, wie ein heftiges Unwetter mehrere Dörfer verwüstete. Die Bauern

um 1600 v. Chr.
In den ägyptischen Bergwerken von Serabit el-Khadim auf der Sinai-Halbinsel hinterlassen Fremdarbeiter das „Nordsemitische", das weltweit erste Alphabet. Die von den Hieroglyphen abgeleiteten Schriftzeichen drücken neue Laute aus.

um 1600 v. Chr.
Die mykenischen Könige herrschen über ein Reich, dessen Zentrum die reiche griechische Stadt Mykene ist. Nach ihrem Tod werden die Könige mit großem Aufwand bestattet. Der Archäologe Heinrich Schliemann entdeckt 1879 ihre Grabschätze.

hätten alles verloren. Der Wesir* lässt dem Mann Säcke mit Getreide geben. Ein anderer berichtet, er habe die Felder seines Gebiets inspiziert, die Weizenernte werde hervorragend ausfallen und freut sich über hohe Steuereinnahmen und gut gefüllte Getreidespeicher. Dann ärgert sich der Wesir* über einen Bürgermeister, der den ihm unterstehenden Straßenabschnitt nicht in Stand hält. Zitternd vor Angst steht der Schuldige vor dem mächtigen Mann und versichert, man werde nach seiner Rückkehr sofort mit der Reparatur beginnen. Er wird Bauern verpflichten, die für König und Staat unentgeltlich Arbeitsdienst leisten müssen.

Gerechtes Urteil

Der Wesir* ist auch **oberster Richter**. Man trägt ihm einen Streitfall vor, bei dem es um ein Stück Land geht. Kläger und Beklagter legen ihre Standpunkte dar, doch der Fall ist zu schwierig, als dass der Wesir* ihn sofort entscheiden könnte. Zunächst muss er in seinen Archiven einige Schriftstücke zu Rate ziehen, das Verfahren wird deshalb vertagt. Nun zerren zwei Polizisten eine Frau vor den Richter. Vom Gericht ihres Dorfes wurde sie für schuldig befunden, ein Weihrauchgefäß aus einem Heiligtum gestohlen zu haben. Da dies als schweres Verbrechen gilt, muss sie vor dem obersten Richter erscheinen, der sie zur Zwangsarbeit verurteilt.

Keine Muße

Der Wesir* bewahrt in seinem Archiv **Verwaltungs-, Rechts- und Katasterurkunden** auf. Nach der Rückkehr in sein Büro bringen ihm die Sekretäre Dokumente, die sie in seinem Auftrag herausgesucht haben. Sie betreffen Beamte, die er befördern will. Außerdem unterzeichnet er die Ernennung neuer Polizisten, die die öffentliche Ordnung aufrecht erhalten sollen. Dann sendet er noch Dekrete des Pharao an die Provinzgouverneure und bereitet den folgenden Tag vor, an dem er an einer Sitzung des Großen Rats teilnehmen wird, einer Art Ministerrat. Zuvor hat er eine Audienz beim König, um die Sitzung vorzubereiten.

Zwei Wesire* für das Doppelreich

Als die Verwaltung unter der 18. Dynastie* (1550-1292 v. Chr.) immer unübersichtlicher wird, teilt der König das Amt des Wesirs* auf zwei Personen auf. Der Wesir* Oberägyptens mit Sitz in Theben verwaltet den Süden des Landes, sein Kollege in Memphis oder Pi-Ramses ist für den Norden zuständig. Die Kenntnis der Pflichten eines Wesirs* verdanken wir teilweise Rechmire, der unter Thutmosis III. Wesir* Oberägyptens war und sein Amt in seiner Grabkammer schildern ließ.

Die beiden Wesire* von Ober- und Unterägypten, die hier dicht nebeneinander abgebildet sind, stehen im Dienste des Königs Ramses III. Man erkennt sie an ihrer Kleidung. Beide tragen lange, am Hals von einer Schnur gehaltene Gewänder.

MAAT GEHORCHEN

Wahrheit, Gerechtigkeit und Gleichgewicht der Welt – für all das steht die Göttin Maat. Sie fordert König, Wesir* und Würdenträger auf, für Gerechtigkeit auf Erden zu sorgen. Die Göttin kümmert sich auch um soziale Beziehungen und rät beispielsweise Angestellten, ihren Vorgesetzten zu gehorchen und den Chefs, ihre Untergebenen zu achten. Sie empfiehlt Frauen, sich ihren Männern zu unterwerfen und Männern, ihre Gattinnen zu ehren. Trägheit, Bosheit, Lüge und Diebstahl verurteilt sie. Nach dem Tod muss jeder Ägypter vor dem Gericht des Osiris erscheinen und dabei auch Maat gegenübertreten.

um 1600 v. Chr.
Das vermutlich aus Armenien stammende Volk der Hurriter siedelt sich ab ca. 2500 v. Chr. im Norden Mesopotamiens und Syriens an. Nun verschmelzen ihre Fürstentümer zu einem Großreich namens Mitanni.

um 1595 v. Chr.
Die Hethiter zerschlagen in einem vernichtenden Überfall die 1. Dynastie Babyloniens, die Familie des Königs Hammurapi. Sie plündern die Stadt und verschleppen die babylonischen Götterstatuen als Beute in ihre Heimat.

Die Pharaonen,
die Könige Ägyptens

Der Pharao ist gerade in Theben eingetroffen. Der allmächtige Herrscher hat seine Hauptstadt verlassen, um das bedeutende Opet-Fest* in der Stadt Amuns zu begehen.

Gott und Mensch zugleich

Der König besitzt zwei Gesichter. Er ist gleichzeitig Gott und Mensch. Als Sohn der Götter wird er von ihnen als Herrscher über Ägypten eingesetzt. Aber erst mit seiner Krönung wird er selbst zum Gott. Seine Göttlichkeit hängt also mit der Ausübung der königlichen Ämter zusammen. Zugleich ist der Pharao auch ein Mensch, der wie jeder andere Sorgen, Krankheit und Tod kennt.

▲

Oft wird der König als Sphinx dargestellt, also als Wesen mit Löwenkörper und Menschenkopf. Diese Statue zeigt ihn in seiner Eigenschaft als Gott.

Ramses II. trägt ein Königskopftuch, darüber die weiße Krone Oberägyptens und die rote Krone Unterägyptens. Gemeinsam bilden sie die Doppelkrone.

▼

Alleinbesitzer

Felder, Bewässerungskanäle, Bergwerke, Steinbrüche und Tribute der Kolonien stehen im Besitz des Pharao; ganz Ägypten gehört ihm. Doch stellt er einen großen Teil seiner Äcker den Tempeln, der Verwaltung und den Würdenträgern zur Verfügung, die sie von Bauern bewirtschaften lassen. Im Neuen Reich (1550-1070 v. Chr.) besitzt der Pharao zudem das Monopol, d.h. das alleinige Recht, auf den Rohstoffhandel mit anderen Ländern.

DAS „GROSSE HAUS"

Das altägyptische Wort per-aâ bedeutet „großes Haus" – gemeint ist der Königspalast. Ab 1450 v. Chr. bezeichnet der Begriff auch den darin regierenden König. Die Griechen machen daraus das Wort Pharao.

Regierungschef

In seinem Palast ist der Pharao Vorsitzender des **Großen Rates**, der ihm bei der Regierung zur Seite steht. Dieser Ausschuss setzt sich aus den beiden Wesiren* und den beiden Schatzmeistern Süd- und Nordägyptens sowie den Vorstehern der Felder und des Viehs der beiden Landesteile zusammen. Der für den persönlichen Besitz des Königs verantwortliche oberste Güterverwalter und der Vizekönig von Kusch, zugleich Gouverneur von Nubien, nehmen ebenfalls als Berater teil. Der König hört sich ihre Berichte an und gibt seine Entscheidungen bekannt, die die Minister anschließend umsetzen. Sie sind auch dafür zuständig, die Dekrete des Pharao an die lokalen Behörden weiterzuleiten.

um 1550 v. Chr.
Die Fürsten von Theben kämpfen bereits seit 3 Jahren gegen die Hyksos. Nun endlich gelingt es ihnen, sie zu vertreiben. Der siegreiche Ahmosis lässt sich zum Pharao krönen. Er begründet die 18. Dynastie und das Neue Reich (1550-1070 v. Chr.).*

um 1504 v. Chr.
Nach der Thronbesteigung in Ägypten erobert Thutmosis I. (1504-1492 v. Chr.) Nubien bis zum 3. Katarakt und führt einen Feldzug gegen das Reich Mitanni, das sich den ägyptischen Interessen widersetzt.

Thutmosis III. hält Krummstab und Wedel in der Hand, die beiden Insignien königlicher Macht. Sein Kinn ziert ein eckig geschnittener falscher Bart, der ebenfalls dem König vorbehalten ist, während die Götter gebogene Bärte tragen.

Oberster Kriegsherr

Der Monarch ist zugleich Oberbefehlshaber des Heeres. Bei der Eroberung neuer Gebiete oder der Niederschlagung von Aufständen in den Kolonien steht er persönlich an der Spitze seiner Truppen. Er bestimmt die Strategien, nachdem er sich mit seinem Generalstab beraten hat. Weniger wichtige Feldzüge überlässt er seinen Generälen. Die im Ausland postierten Garnisonskommandanten sorgen in den Protektoraten für Ruhe und Ordnung.

Hohepriester

Der Pharao ist Hohepriester und als einziger Mensch von den Göttern selbst zu ihrer Verehrung auserwählt. Er muss jedoch seine Aufgaben teilweise delegieren. Da er sich nicht gleichzeitig in verschiedenen Tempeln im Land aufhalten kann, muss er Oberpriester ernennen, die ihn bei Kulthandlungen vertreten. Um die Götter bei Laune zu halten, lässt der König die alten Tempel verschönern und neue Heiligtümer bauen.

Diese Kartusche* enthält den Thronnamen Sesostris' I.: Cheperkare.

35

um 1500 v. Chr.
Der Vulkanausbruch auf der Insel Thera, dem heutigen Santorin, ist eine der größten Katastrophen der Antike und hat möglicherweise den Mythos vom Untergang von Atlantis begründet, von dem der griechische Philosoph Plato schreibt.

um 1500 v. Chr.
Ägyptische Schreiber* kopieren die ältesten ärztlichen Schriften der Welt: ein allgemeinmedizinisches Lehrbuch mit einer Rezeptsammlung für Heilmittel, das so genannte „Papyrus Ebers" und eine Abhandlung über Chirurgie, das „Papyrus Edwin Smith".

Die erste Familie des Reichs

Der Pharao ist das Oberhaupt einer großen Familie. Je nach eigenem Belieben oder politischen Anforderungen hat er eine oder mehrere Hauptfrauen, die den Titel der Großen Königlichen Ehefrau tragen. Daneben umgibt er sich mit mehreren Nebenfrauen und Konkubinen und ist der Vater zahlreicher Kinder.

KÖNIGIN NEFERTARI

Ramses II. (1279-1213 v. Chr.) hat mehrere Hauptfrauen und setzt über hundert Kinder in die Welt. Seine Liebe jedoch gilt seiner Gattin Nefertari. Die schöne Königin begleitet ihn auf Reisen, nimmt an Kulthandlungen in den Tempeln teil und spielt sogar in der Diplomatie eine Rolle. Der König lässt ihr zu Ehren den kleinen Tempel von Abu Simbel bauen und das schönste Grabmal im Tal der Königinnen in Theben errichten.

Königin von Ägypten

Der Pharao heiratet üblicherweise die Tochter eines hohen Würdenträgers oder, nach dem Vorbild der ersten Götterpaare wie Isis und Osiris, gelegentlich sogar seine eigene Schwester. Der Name der Herrscherin, die den Titel **Große Königliche Gemahlin** trägt, wird wie bei ihrem Gemahl von einer Kartusche* umgeben. In der Hauptstadt besitzt sie eine eigene Residenz, zu der Felder, Herden und eine umfangreiche Dienerschaft gehören. Die Mutter des Pharao genießt die gleichen Vorrechte und den gleichen Respekt wie die Königin. Die Frau des Pharao nimmt zudem an bestimmten religiösen Riten teil.

Im Alten und Mittleren Reich werden die Königinnen meist in kleinen **Pyramiden** in der Nähe der Königspyramide bestattet oder aber in Schächten zu Füßen des Königsgrabes. Unter der 19. und 20. Dynastie* werden sie in getrennten Grabkammern beigesetzt. Solche Gräber wurden beispielsweise in Theben im **Tal der Königinnen** freigelegt.

Im Tal der Königinnen befinden sich die Gräber der Pharaonengattinnen. Der moderne Bau oben im Bild ist der Eingang zum Grab der Nefertari.

Königin Nefertari war die Lieblingsfrau Ramses' II.

 **um 1500 v. Chr.**
Die Arier, ein indoeuropäisches Nomadenvolk aus Kaukasien, dringen in mehreren Wellen bis nach Indien vor. Sie siedeln sich dort als Bauern an. Ihre Sprache ist das Sanskrit.

um 1479 v. Chr.
Hatschepsut (1479-1458 v. Chr.) herrscht über Ägypten als Regentin für ihren minderjährigen Neffen und Schwiegersohn Thutmosis III. und lässt sich dann zur Pharaonin krönen.

Der Kronprinz

Die Hauptfrau des Pharao wünscht sich nichts sehnlicher als einen Sohn, denn dieser wird als Thronfolger bevorzugt. Bringt sie keinen Jungen zur Welt, fällt die Krone an den Sohn einer Zweitfrau oder einer Konkubine. Darüber, wie die Prinzen aufwachsen, ist wenig bekannt. Man weiß nur, dass sie gemeinsam mit den Söhnen der höchsten Würdenträger des Landes die Palastschule besuchen. Unter ihren Spielkameraden wählen sie später ihre Minister aus. Sie erlernen die **Kriegskunst** und werden dabei im Bogenschießen und Zweikampf sowie im Führen von Streitwagen unterwiesen.

Meritamun, Tochter Ramses' II. und der Nefertari, heiratet nach dem Tod ihrer Mutter ihren Vater. Ramses II. widmet ihr schöne Statuen, darunter diesen Koloss in Akhmim in Mittelägypten.

Dieses Bild im Grab seines Sohnes Chaemwaset zeigt Ramses III., wie er den jungen Prinzen zu den Göttern des Totenreichs führt.

Der königliche Harem*

Die Zweitfrauen und Geliebten des Pharao leben im **Harem***, meist in den Städten, in denen sich der König besonders häufig aufhält. Dort sind die Frauen keineswegs müßig, sondern weben Leinenstoffe und ziehen die Kinder groß, die sie dem König gebären.

KÖNIGIN NOFRETETE

Die Gattin Amenophis' IV. (Echnaton) (1351-1334 v. Chr.) ist von überragender Schönheit. Sie ist an der Religionsreform ihres Mannes aktiv beteiligt. Er setzt die Sonnenscheibe Aton als alleinige Gottheit ein, der man Tempel mit offenen Dächern baut. Dort vollzieht Nofretete gemeinsam mit ihrem Mann die Kulthandlungen. Wie Echnaton ist Nofretete eine Wiedergeburt Atons auf Erden. Sie stirbt im 14. Jahr ihrer Herrschaft, drei Jahre vor ihrem Mann und wird im Königsgrab von Amarna, der neuen Hauptstadt des Reichs, bestattet.

um 1479 v. Chr.
Thutmosis III. (1479-1425 v. Chr.) regiert nach dem Tode Hatschepsuts. Er knüpft an die Eroberungspolitik Thutmosis' I. an und dehnt sein Reich vom Gebiet Syrien/Palästina im Norden bis zum 4. Nilkatarakt im Süden aus. Die eroberten Länder zahlen hohe Tribute.

um 1450 v. Chr.
Die kretische Kultur zerfällt, viele Paläste werden zerstört. Ob Kreta den Überfällen der aus Griechenland stammenden Mykener zum Opfer fällt oder dem Vulkanausbruch auf Santorin, der Schifffahrt und Handel erschwerte, ist unklar.

Ein rauschendes Fest

Der Besuch des Königs in Theben gibt Anlass zu zahlreichen Festen. In seiner prächtigen Residenz gibt der Wesir* einen großen Empfang, zu dem er den Adel der Stadt und das königliche Gefolge einlädt. Die Adligen kommen gern zum Gastmahl und drängen sich fröhlich in riesigen Säulenhallen.

Ein herzlicher Empfang

Die eintreffenden Gäste werden von Dienern begrüßt und zu einem Steinbecken geführt, wo sie sich Hände und Füße waschen. Dann schmücken die Diener sie mit Blumenketten und bieten ihnen duftende Öle und Salben an. Schließlich setzt man den Adligen einen **Salbkegel** aus nicht schmelzendem Fett auf den Scheitel, der den ganzen Abend lang einen angenehmen Duft verbreitet.

Eine reich gedeckte Tafel

An verschiedenen Stellen im Palast stehen niedrige Tische und Schemel bereit, an denen sich die in prächtige weiße Leinengewänder gehüllten und mit Geschmeide geschmückten Gäste in kleinen Gruppen zusammenfinden. Platten und Schalen mit gebratenen Gänsen, Enten, Wachteln und Tauben, Fleisch- und Gemüseragout, Körbe voller Obst und Brot stillen auch den größten Hunger. Männer und Frauen essen die kleinen Geflügel im Ganzen, die großen in Stücke zerlegt, mit den Fingern. Die Ragouts werden mit Brot aus den Schüsseln gelöffelt. Junge, hübsche Dienerinnen, die meisten von ihnen so gut wie unbekleidet, reichen **Wein** oder **Bier**. Bei einigen besonders trinkfreudigen Gästen müssen sie die Becher ziemlich häufig nachfüllen, wie überlieferte Texte und Malereien amüsiert zu verstehen geben.

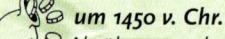

um 1450 v. Chr.
Die Ägypter erfinden den Ziehbrunnen, mit dem Wasser aus dem Nil und seinen Kanälen geschöpft und zum Bewässern von Feldern und Gemüsegärten verwendet werden kann. Das Gerät erleichtert den Bauern die Arbeit und verbessert die Erträge.

um 1450 v. Chr.
Als überragende Seefahrernation wird Mykene zum reichsten und mächtigsten griechischen Königreich in der Nachfolge Kretas. Sein Einfluss erstreckt sich über das ganze Mittelmeer. Es treibt Handel mit dem Vorderen Orient und Ägypten.

Angeregte Unterhaltungen

Die thebanischen Adligen lassen sich von den Würdenträgern aus dem Norden des Landes nur zu gern das Neueste über das Leben am Hof oder die Verschönerungen der Hauptstadt berichten. Ebenso interessiert sind sie an Kontakten mit Abgesandten benachbarter Reiche, Händlern oder Söldnern im Dienst des königlichen Heeres. Sie selbst erzählen von prächtigen Prozessionen anlässlich der großen religiösen Feste und berichten von den Arbeiten, die den Alltag Thebens bestimmen, denn die Stadt des Staatsgottes Amun ist religiöses Zentrum.

Musikalische Darbietungen

Kein Fest ohne **Musiker** und Tänzerinnen. Das Orchester sitzt in einer Ecke des Raums und besteht aus Laute, Leier, Flöte, Doppelflöte, Harfe und Trommel. **Sänger** tragen Lieder zu rhythmischem Händeklatschen vor. Die mit einem kurzen Rock oder einem Gürtel und Schmuck spärlich bekleideten **Tänzerinnen** wiegen sich im Takt und führen akrobatische Figuren vor: Auch vor Radschlag, Brücke und riskanten Sprüngen schrecken die gelenkigen jungen Damen nicht zurück.

MUSIK-INSTRUMENTE

Blasinstrumente wie Flöte und Doppelflöte sind seit der frühesten Antike in Gebrauch. Die Trompete, von der man ein Modell im Grab des Tutanchamuns fand, wird nur beim Militär verwendet. An Saiteninstrumenten gibt es jahrhundertelang nur die Harfe, im Neuen Reich kommen die aus dem Vorderen Orient stammenden Laute und Leier hinzu. Die Trommel als Instrument der Soldaten, Tamburin, Elfenbeinklappern, bronzene Kastagnetten und Sistrum bilden die Gruppe der Schlaginstrumente. Sistren werden lediglich bei religiösen Festen gespielt, die stets von Musik begleitet werden.

39

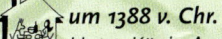
um 1388 v. Chr.
Unter König Amenophis III. (1388-1351 v. Chr.) schwelgen der Hof und seine Würdenträger im Luxus, insbesondere, was Kleidung, Körperpflege, Möbel und Schmuck angeht. Die Bildhauerei erreicht eine nie da gewesene Perfektion.

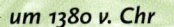
um 1380 v. Chr
Suppululiuma (1380-1336 v. Chr.) wird König der Hethiter und verwandelt das Land in ein mächtiges Großreich. Er teilt sich Mitanni mit den Assyrern und nutzt die Trägheit Amenophis' IV. aus, um die ägyptischen Kolonien in Palästina zu erobern.

Tapfere Soldaten

Offiziere lassen Fußsoldaten und Streitwagen an sich vorüberziehen.
Die Männer, die sich bereits auf dem Schlachtfeld ausgezeichnet haben, bereiten
sich auf die Parade vor, die am nächsten Tag zu Ehren des Pharao stattfindet.

Soldaten erkennt man an der Streitaxt, die sie schwingen, und an ihrem Lendenschurz, von dem ein Ende vorn spitz herunterhängt. Die Zweige, die diese Männer in der Hand halten, deuten auf ihre Teilnahme an einem Fest hin. Sie gehören zur Armee der Königin Hatschepsut.

Eine Armee der Eroberer

Über Jahrhunderte werden Soldaten in Ägypten nur bei Bedarf mobilisiert. Im angriffslustigen Neuen Reich wird dagegen ein **Berufsheer** gegründet. Zu verschiedenen Zeiten umfasst das Militär zwei, drei oder vier Divisionen, die unter dem Schutz von Göttern wie Amun, Re, Ptah oder Seth stehen. Jede Division umfasst etwa 6000 Mann und gliedert sich in zwei Waffengattungen: **Infanterie** und **Streitwagen**. Die Infanteristen sind in fünf Regimenter zu je 1000 Soldaten eingeteilt, diese in jeweils fünf Kompanien zu 200 Mann, diese wiederum in Abteilungen zu 50 Soldaten. Die zweite Waffengattung umfasst 500 Streitwagen mit je einem Fahrer und einem Krieger, die einzelnen Divisionen angehören. Neben diesen Truppen gibt es noch die königliche Leibgarde und die Fremdtruppen, die jedem dienen, der sie bezahlt.

Soldaten trainieren mit ihren Kameraden den Nahkampf und üben sich im Laufen und im Bogenschießen.

Ausbildung und Disziplin

In den Kasernen unterweisen die Offiziere die Soldaten im Nahkampf und trainieren sie in langen Fußmärschen. Zudem lernen die Männer den Gebrauch von Waffen wie Streitaxt, Pfeil und Bogen, Morgenstern, Krummschwert, Dolch und Lanze. Sie erfahren, wie man ein Lager errichtet und wie man aus Schilden einen Schutzwall baut. Die Offiziere fordern bedingungslose Disziplin, jeder Verstoß wird schwer bestraft. Desertiert ein Soldat, landet seine ganze Familie im Gefängnis.

40

um 1349 v. Chr.
Zwei Jahre nach der Thronbesteigung führt Amenophis IV. (1351-1334 v. Chr.) eine Religionsreform durch. Von nun an wird ausschließlich die Sonnenscheibe Aton verehrt. Er nennt sich nun Echnaton und gründet Amarna als neue Hauptstadt.

um 1323 v. Chr.
Wie der schon mit 18 Jahren verstorbene Tutanchamun (1333-1323 v. Chr.) mit Amenophis IV. verwandt ist, weiß man nicht genau. Sein Grab im Tal der Könige, das unermessliche Schätze enthält, wird 1922 von Howard Carter entdeckt.

Auf dem Schlachtfeld

Die bekannteste Schlacht der ägyptischen Geschichte führt Ramses II. 1274 v. Chr. bei dem Versuch, das Land wiederzuerlangen, das die Hethiter Ägypten entrissen hatten. Der Pharao mobilisiert vier Divisionen und marschiert nach Kadesch. Vor den Toren der Stadt lässt Ramses II. große Vorsicht walten, denn er vermutet, dass die hethitische Armee ihn bereits erwartet. Als zwei Beduinen* ihm versichern, dass der Feind 200 km weit entfernt liege, schlägt er sein Lager auf. Gerade, als der König von zwei gefangenen hethitischen Spionen erfährt, dass die beiden Beduinen beim Feind im Sold stehende Verräter sind, schnappt die Falle zu. Hethitische Streitwagen schlagen die Division des Re am Fluss Orontes vernichtend und greifen das ägyptische Lager an. Die Soldaten geraten in Panik und flüchten. Voller Wagemut springt der König auf seinen Streitwagen und stürzt sich mitten ins Getümmel. In dem Glauben, die Schlacht sei gewonnen, hatten die Hethiter bereits mit der Plünderung des Lagers begonnen und werden nun von dem neuen Angriff völlig überrascht. Das Heer des Pharao ordnet sich und schlägt den Feind zurück. Letztlich geht die Schlacht unentschieden aus. Die Hethiter behalten die ehemaligen ägyptischen Gebiete.

Auf einem Streitwagen kehrt Sethi I. von einem siegreichen Feldzug nach Westasien zurück. Er bringt Gefangene mit, die in zwei Reihen unterteilt sind. Das Relief befindet sich auf einer Außenwand des großen Hypostylos* des Tempels in Karnak.

Die Armee Ramses' II. greift die Festung Dapuhr in Syrien an. Die Soldaten dringen mithilfe von Leitern in die Stadt ein. Die besiegten Feinde stürzen von den Mauern herab.

Ein besiegeltes Schicksal

Die Söhne der Soldaten werden ihrerseits Soldaten, der Beruf geht zwangsläufig vom Vater auf den Sohn über. Die für die Register zuständigen Schreiber* rekrutieren die Knaben, sobald sie erwachsen sind. Ihr Einkommen erzielen die Soldaten mit einem Stück Land, dessen Nutzung ihnen der Staat überlässt. Tapferkeit belohnt der König, indem er den Soldaten Gefangene als Sklaven zuweist. Offiziere erhalten zudem Orden.

um 1300 v. Chr.
Um die eigene Sprache aufschreiben zu können, erfindet man in der syrischen Stadt Ugarit ein eigenes Alphabet mit 30 Zeichen, die der Keilschrift ähneln. Es verschwindet jedoch nach dem 12. Jahrhundert v. Chr. wieder.

um 1290 v. Chr.
Sethi I. (1290-1279 v. Chr.), der zweite König der 19. Dynastie*, führt einen Feldzug, um die ägyptische Vorherrschaft im Vorderen Orient wiederherzustellen. Sein Tempel in Abydos und sein Grab im Tal der Könige zeigen wundervolle Reliefs.

Die Parade der Tributpflichtigen

Zug um Zug besiegen die Pharaonen ihre Nachbarländer und errichten ein Großreich, das Ägypten einen nie da gewesenen Wohlstand beschert. Die unterworfenen Völker zahlen **Tribute**, das sind Steuern in Form von Naturalien. Die Ankunft fremder Menschen, die beladen sind mit den Produkten ihres Landes, ist in Theben Anlass für eine grandiose Prozession.

Hui, unter Pharao Tutanchamun Vizekönig von Kusch, hat in seinem Grab die Parade der Tributträger für die Ewigkeit festhalten lassen. Hier bringen Nubier Goldringe dar.

FREMDVÖLKER UND ÄGYPTEN

Im Neuen Reich betrachten Ausländer Ägypten als Kornspeicher, in dem „es ebenso viel Gold wie Staub gibt". Ägypten bietet auch Gelegenheit, Karriere zu machen: Die Bibel etwa erzählt die Geschichte des Joseph, der aus Palästina flieht und es in Ägypten zum Wesir* bringt. Unter Amenophis IV. (1351-1334 v. Chr.) steigt ein junger Mann aus dem Vorderen Orient namens Aper-el ebenfalls zum Wesir* auf. Unter Sethi II. (1200-1194 v. Chr.) übt der Syrer Bai als Schatzmeister erhebliche Macht aus.

Ein überwältigendes Schauspiel

Unter den wachsamen Augen ägyptischer Soldaten schiebt sich die schier endlose Kette von Trägern durch die Stadt in Richtung Karnak, denn ein Teil der Reichtümer aus den fremden Ländern ist für den Tempel des Amun bestimmt. Der Rest wandert in die staatlichen Lagerhäuser. Die zu beiden Seiten der Straße stehenden Ägypter bewundern die Gewänder und den prächtigen Schmuck der Fremden. Die Nubier etwa tragen eine wippende Feder auf dem Kopf. Sie bringen schwere Goldringe, Ebenholz, Leopardenfelle, Elfenbein, Hunde, Rinder und Sklaven. Die Völker aus Syrien und Palästina schaffen Metall- und Tongefäße, Waffen, Pferde und Streitwagen herbei. Für den Zoo des Pharao liefern die Tributpflichtigen zudem exotische Tiere ab, etwa Giraffen, Löwen und Antilopen aus Afrika oder Bären und Elefanten aus Westasien.

um 1279 v. Chr.
Ramses II. (1279-1213 v. Chr.) besteigt für 66 Jahre den Thron. 1285 v. Chr. unterliegt er bei Kadesch den Hethitern. 1270 v. Chr. schließt er mit ihnen den ersten Friedensvertrag der Geschichte. Es folgt eine lange Phase der Stabilität.

1279-1209 v. Chr.
Zwischen dem 1. Regierungsjahr Ramses' II. und dem 5. Regierungsjahr seines Sohns Merenptah führt der am ägyptischen Hof erzogene Jude Moses auf Geheiß Gottes das „auserwählte Volk" von Ägypten ins „gelobte Land" Palästina: Der biblische Auszug aus Ägypten.

Botschafter am Königshof

Um die guten Beziehungen zum mächtigen Ägypten zu erhalten, schicken die Nachbarländer Abgesandte mit reichen Geschenken zum Pharao. Die einflussreichen Gesandten schließen sich der Prozession an, jedoch in weitem Abstand von den tributpflichtigen Völkern. Die Kreter schenken dem König Gefäße, Perlenketten und Kupferbarren. Vertreter der Großreiche, die im Neuen Reich den Vorderen Orient beherrschen – Mitanni, Babylonien und Hatti – sind ebenfalls anwesend. Im Gegenzug für ihre Geschenke fordern sie vom Pharao Gold, das sie in ihren eigenen Gebieten nicht besitzen. Die ausländischen Herrscher sichern sich die Freundschaft des ägyptischen Königs auch dadurch, dass sie ihm ihre Töchter zur Frau geben.

Dieser gefesselte Nubier ziert den Sockel einer der Kolossalstatuen Ramses' II. in Abu Simbel. Der König ist dort auf seinen Gefangenen sitzend dargestellt, was zum Ausdruck bringen soll, dass er die Fremden beherrscht und die Weltordnung sichert.

Gefangene und Sklaven

Diese mit Federn geschmückten Syrer und Libyer werden von den Ägyptern unterworfen und flehen den Pharao Tutanchamun um Gnade an. Sie tragen ihre Bitten dem links im Relief dargestellten Dolmetscher vor.

In der Prozession werden auch Gefangene nach Ägypten geführt. Viele von ihnen werden als Fremdtruppen dem Heer verpflichtet, andere verrichten Sklavendienst in einem Tempel oder am Hof. Sie arbeiten auf Baustellen, Feldern, als Hausangestellte, Bäcker oder Metzger. Besonders schlecht trifft es diejenigen, die unter härtesten Bedingungen in den Bergwerken schuften müssen. Das Sklaventum ist erblich, allerdings genießen die Leibeigenen gewisse Rechte. Sie dürfen beispielsweise wie jeder freie Ägypter eigenen Besitz haben und können ihre Freiheit erkaufen. Manchmal werden auch die zum Kriegsdienst verpflichteten Sklaven vom König freigelassen. Nicht selten heiraten Sklaven in die Familie ihrer Besitzer ein oder werden von ihr adoptiert.

Dieser asiatische Mann, dessen Hände auf dem Rücken gefesselt sind, gehört zu den Gefangenen am 6. Pylon* des Tempels von Karnak. Er gemahnt an die Syrienfeldzüge Thutmosis' III.

43

um 1255 v. Chr.
Ramses II. und seine Frau Nefertari weihen in Nubien mit großem Prunk die Tempel von Abu Simbel ein. Kaum 10 Jahre später zerbricht eine der Kolossalstatuen des großen Tempels bei einem Erdbeben und stürzt auf die Vorhalle.

um 1200 v. Chr.
Auf Rinderknochen, Schildkrötenpanzern und Bronzevasen erscheinen zwischen 1200 und 1100 v. Chr. die ersten chinesischen Schriftzeichen. Die Texte sind möglicherweise Orakelsprüche oder das Archiv der Shang-Könige.

Am Anfang war das Urwasser

Zu Beginn gab es weder die Erde noch Himmel, Luft, Berge, Menschen oder Tiere, sondern lediglich ein unendlich großes, unendlich tiefes Urgewässer, aus dessen reglosem, dunklem Wasser unvermittelt ein Erdhügel emporstieg. So beginnt die Schöpfungsgeschichte, von der die Priester in Heliopolis, Hermopolis und Memphis unterschiedliche Versionen erzählen.

Das Werk der Sonne

Für die Priester von **Heliopolis** (dem heutigen Kairo) ist der Gott **Atum Re** Urheber der Schöpfung. Obwohl Verkörperung der Sonne, wird er als Mensch dargestellt. Er steigt aus dem Urmeer an Land. Aus seinem Speichel oder Samen – je nach Erzählerquelle – entstehen der Luftgott Schu und seine Schwester Tefnut, die Göttin der Feuchtigkeit. Eines Tages verschwinden die beiden. Atum Re ist traurig und macht sich Sorgen. Als er sie wiederfindet, vergießt er Freudentränen, aus denen die Menschen entstehen. Das erste Götterpaar zeugt Geb, den Gott der Erde, und Nut, die Göttin des Himmels. Bevor sie von ihrem Vater Schu getrennt werden, bringen Geb und Nut ihrerseits vier Kinder zur Welt: Osiris, Seth, Isis und Nephtys.

▲ Weltschöpfer Atum trägt die Doppelkrone Ägyptens. Er verkörpert die Abendsonne und wird mit Re gleichgesetzt, dem Sonnengott von Heliopolis.

▲ Der falkenköpfige Horus Re und Chepre, der einen Skarabäus als Kopf besitzt, versinnbildlichen zwei Ansichten der Sonne. Horus Re verkörpert die Mittagssonne, während der Skarabäus die Morgensonne darstellt, die Tag für Tag am Horizont aufgeht.

▶ Der Papyrus* des Nespakaschuti (um 1000 v. Chr.) zeigt den Gott Schu in einer Barke. Er trennt seinen auf dem Boden liegenden Sohn Geb, der die Erde verkörpert und seine Tochter Nut, die sich über die Barke wölbt und Sinnbild des Himmels ist.

Vom Lotus und dem göttlichen Ei

In **Hermopolis** glaubt man an vier Götterpaare, die im Urgewässer leben. Eines Tages lassen sie aus dem Wasser einen Lotus wachsen, den sie an Land legen. Aus der Blüte entsteht die Sonne, die wiederum die Welt erschafft. Einer anderen Lehre zufolge bewachen die Götter ein Ei, das auf dem ersten Hügel von einem Vogel gelegt wurde, der manchmal mit dem Ibis des Gottes Thot gleichgesetzt wird. Aus dem Ei wird die Schöpfungssonne geboren.

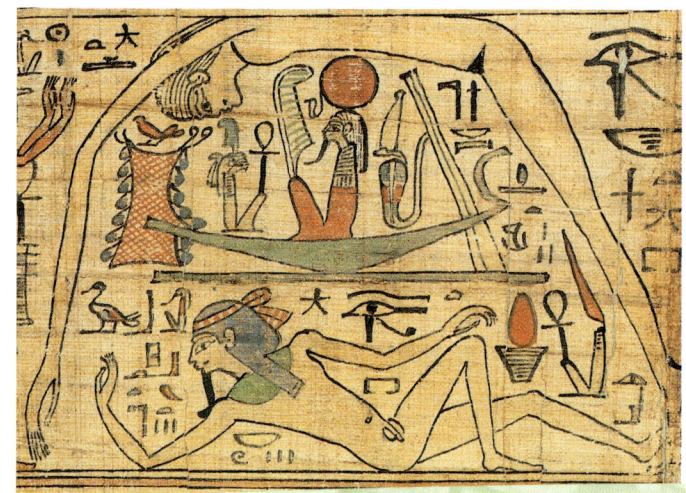

44

🛶 **um 1200 v. Chr.**
Das aus Osteuropa stammende indoeuropäische Volk der Kelten dringt immer weiter in den Westen Europas vor. Die Kelten verbrennen ihre Toten und bestatten die Urnen mit der Asche in Gräbern mit reichen Grabbeigaben.

🌍 **um 1200 v. Chr.**
Auf einer Papyrusrolle* zeichnen Ägypter einen Grundriss des nubischen Goldminenbezirks in der Wüste westlich von Luxor. So entsteht die erste Bergwerkskarte der Welt. Das Dokument wird heute im Ägyptischen Museum von Turin aufbewahrt.

Das Wort Ptahs

In **Memphis** schreibt man die Schöpfung dem **Ptah** zu. Auf dem Hügel im Urmeer denkt sich der Gott in seinem Herzen, wo Denken und Fühlen beheimatet sind, alle Lebewesen, Elemente und Pflanzen aus. Er ruft sie ins Leben, indem er ihnen Namen gibt.

Amuns Aufstieg

Nach der Wiedervereinigung Ägyptens und dem Erstarken des Königtums 2046 v. Chr. erklären die Fürsten von Theben ihre Stadt zur Reichshauptstadt und wollen ihren Gott Amun dem ganzen Land aufzwingen. Allerdings hat Amun nichts Außergewöhnliches vollbracht. Um dieses Problem zu lösen, machen die Thebaner Anleihen bei anderen Göttern. Sie setzen Amun mit dem Schöpfergott von Heliopolis gleich, nennen ihn Amun Re und behaupten, er sei einer der Urgötter von Hermopolis gewesen. So wird Amun zu einem Weltschöpfer und zum **mächtigsten Gott Ägyptens**.

▲
Ptah, der Stadtgott von Memphis, ist einer der Weltschöpfer und Schutzherr der Handwerker. Er wird mit Priesterkappe dargestellt und trägt als einziger Gott den geraden Königsbart. Seine Gattin ist die Löwengöttin Sachmet, eine Tochter des Re und Verkörperung des glühenden Atems der Sonne. Sie ist für Kriege und Krankheiten zuständig, bringt aber auch Heilung.

◄
Amun Re trägt auf dem Kopf eine hohe Federkrone, an der ein langes Band befestigt ist. Der in Karnak verehrte Gott hat die Göttin Mut (rechts oben) zur Gemahlin, deren Attribut die Doppelkrone ist. Sein Sohn ist der Mondgott Khonsu (rechts unten), der am kindlichen Zopf sowie am Halb- und Vollmond zu erkennen ist.

EIN KOPF, EIN GOTT

Die ägyptischen Götter sind an ihrem Tierkopf zu erkennen, sofern dieser nicht zugleich für einen anderen Gott steht. Eindeutig dem Gott Thot zugeordnet sind beispielsweise der Ibis und der Pavian, während der in Ägypten allgegenwärtige Falke in Verbindung mit einer Vielzahl von Göttern auftaucht. In diesem Fall helfen die Haartracht und der Name in Hieroglyphenschrift weiter.

um 1200 v. Chr.
In Mexiko stellen die Olmeken riesige Kopfskulpturen her, die rund 18 Tonnen wiegen. Ihr Glauben und ihre Bauwerke beeinflussen die mittelamerikanischen Hochkulturen der Maya und Azteken.

um 1200 v. Chr.
Vom Hunger bedroht, brechen die Seevölker der Ägäis und der türkischen Küste in den Vorderen Orient auf und lösen den Zerfall des Hethiterreichs und der Phönizierstädte aus. 1177 v. Chr. besiegt Ramses III. sie kurz vor der ägyptischen Grenze.

Die ägyptische Götterwelt

In Ägypten hat jede Stadt ihre eigenen Götter. Die Bedeutung der Gottheit hängt vom Alter und vom politischen und religiösen Einfluss der Stadt ab. Neben den Hauptgöttern gibt es eine Vielzahl kleinerer Gottheiten, die über das Getreide, die Ernte oder auch die Eingeweide der Toten wachen.

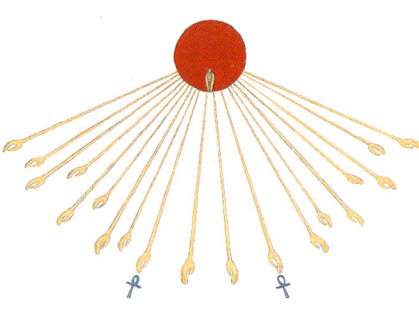

Aton – Die Strahlen der Sonnenscheibe enden als Hände. Der Sonnengott wird in Amarna von Amenophis IV. (Echnaton) angebetet, gerät jedoch nach dessen Tod wieder in Vergessenheit.

Der falkenköpfige **Horus** ist der Sohn von Isis und Osiris und ein Himmelsgott. Es heißt, er habe vor den Pharaonen als König geherrscht. Deshalb trägt er die Doppelkrone. Verehrt wird er im Tempel von Edfu. Seine Gemahlin **Hathor** ist die Göttin der Liebe, der Musik und der Freude. Sie wird als Frau mit Kuhhörnern und Sonnenscheibe dargestellt, manchmal auch als Kuh oder als Frau mit Kuhohren. Ihr Tempel steht in Dendera.

Der Totengott **Osiris** wird als mumifizierter Mann mit Atefkrone dargestellt. Zu Lebzeiten herrscht er auf der Erde und wird nach seinem Tod Herr des Jenseits. Er wird vor allem in Abydos und Busiris verehrt.

Seth, der Gott des Gewitters und der Wüste, ist der Bruder und Mörder des Osiris. Er wird mit Hundskopf, eckigen Ohren und langer Schnauze abgebildet.

Isis, die Göttin der Zauberei, ist Beschützerin der Mütter und Kinder. Sie ist die Schwester und Gemahlin des Osiris. Man erkennt sie an dem Stuhl, den sie auf dem Kopf trägt. In Philae widmet man ihr einen wunderschönen Tempel. Ihre Schwester **Nephtys**, die auf dem Kopf die Hieroglyphe ihres Namens trägt, hilft ihr bei der Erweckung der Toten.

Anubis ist der Schutzherr der Einbalsamierer. Er wird als Schakal oder als Mensch mit Schakalkopf dargestellt.

Die Katzengöttin **Bastet** ist die freundliche Variante der Löwengöttin Sachmet. Bastet ist für Musik und Tanz zuständig und wacht über die Frauen, vor allem über Gebärende.

um 1194 v. Chr.
Nach dem Tod Sethis II. (1200-1194 v. Chr.) übernimmt Königin Tausret die Regentschaft für ihren Schwiegersohn Siptah und lässt sich nach dessen Tod zur Pharaonin ausrufen. Sie ist die letzte der fünf ägyptischen Herrscherinnen.

um 1153 v. Chr.
Mit anderen Haremsdamen hat eine Konkubine Ramses' III. ein großes Komplott geschmiedet, um ihrem Sohn den Thron zu sichern. Die Ränke werden rechtzeitig entdeckt, ein Verfahren wegen Hochverrats wird eingeleitet und die Schuldigen werden hingerichtet.

Maat wird als Frau mit einer Straußenfeder dargestellt. Sie verkörpert die Wahrheit, Gerechtigkeit und Weltordnung.

Sobek, der Krokodilgott, ist Herr der Gewässer und wird in Faijum und Kom Ombo verehrt.

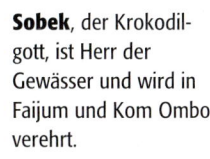

Die Göttin in Nilpferdgestalt **Toeris** und der Fratzen schneidende Zwerg **Bes** schützen vor bösen Geistern. Sie wachen über Frauen, Kinder und das Haus.

KEINER MODE UNTERWORFEN

Die Gewänder der Gottheiten verändern sich im Laufe der Zeit nicht. Die männlichen Götter tragen einen kurzen Lendenschurz, manchmal einen Brustharnisch und am Gürtel einen Stierschwanz als Zeichen der Stärke. Die dem Jenseits zugeordneten Götter sind in Leichentücher gehüllt. Die Göttinnen tragen lange, eng anliegende gerade Kleider.

Der widderköpfige **Chnum** ist der Gott der Insel Elephantine. Er entscheidet über die jährlichen Überschwemmungen des Nils, dessen Geist **Hapi** ist. Seine Gefährtinnen **Satis** und **Anukis** lassen den Fluss an- und abschwellen. Chnum formt die Körper der Menschen auf seiner Töpferscheibe.

Montu, der thebanische Kriegsgott, trägt auf seinem Falkenkopf eine Sonnenscheibe, zwei Federn und zwei Kobras.

Die Geiergöttin **Nechbet** und die Kobragöttin **Wadjet** sind die Schutzgöttinnen Ober- und Unterägyptens.

Thot, der Gott mit dem Ibiskopf, ist der Schutzherr der Schrift und der Weisheit und dient zugleich als Götterbote. Er wohnt im Tempel von Hermopolis. Seine Gefährtin **Sekhet** ist in ein Tierfell gekleidet. Sie ist die Schutzgöttin der Schreiber*.

um 1124 v. Chr.
Im Tal der Könige werden Grabräuber festgenommen und verurteilt, doch damit können die Behörden die Plünderungen nicht eindämmen. Die Täter reißen den königlichen Mumien die Binden ab, um den darunter befindlichen Schmuck zu stehlen.

um 1100 v. Chr.
Die Phönizier entwickeln ein Alphabet mit 22 Buchstaben, das nur aus Konsonanten besteht. Zwischen dem 11. und 9. Jahrhundert v. Chr. wird es von den Griechen übernommen und um Vokale erweitert.

Die Priester des Amun

Die ägyptischen **Tempel** haben mit Kirchen oder Moscheen nicht das Geringste gemeinsam, denn sie sind keine Orte des Gebets. Alle Räume jenseits des ersten Hofes sind für Laien streng verboten. Nur Gottesdiener und die an Kulthandlungen beteiligten Personen dürfen sie betreten. Der Amun-Tempel in Karnak, der größte Ägyptens, beschäftigt hunderte von Priestern.

Jenseits des heiligen Sees sieht man hier einen großen Teil der Tempelanlage von Karnak. Die eingestürzten Decken und Wände geben den Blick in das Innere der Säle frei. Den Priestern, die sich einst im heiligen See wuschen, blieben die Säulen stets verborgen.

Die Hohepriester

Der **erste Prophet*** leitet die mächtige Priesterschaft des Amun und verwaltet die enormen Reichtümer des Gottes. Er gehört zu den einflussreichsten Persönlichkeiten des Landes. Bei der Tempelleitung stehen ihm drei weitere Propheten* zur Seite, die in Abwesenheit des Hohepriesters Zeremonien vollziehen und eine wichtige Rolle bei der Güterverwaltung spielen. Sie üben ihr Amt das ganze Jahr über aus.

Eine hierarchische Organisation

Die vier ersten Propheten* stehen ganz oben in der Klasse der **Heiligen Väter**. Bei den Prozessionen der heiligen Barke benetzen sie den Pfad mit Weihwasser. Manchmal üben sie im Tempel auch andere Tätigkeiten aus, etwa die eines Handwerkers.

Unter ihnen stehen die zahlreichen **reinen Priester**, die in mehrere Gruppen unterteilt sind. Sie bringen den Göttern Nahrung, reinigen die Tempel und kümmern sich um die Kultgegenstände. Sie tragen bei den

um 1100 v. Chr.
Die Juden verfassen den ältesten Bibeltext: das Lied der Debora im Buch der Richter. Die früheste Version der Schöpfungsgeschichte (Genesis), das erste Buch des Alten Testaments, stammt aus dem 9. oder 8. Jahrhundert v. Chr.

1076 v. Chr.
Der Bericht von Wenamun, eine gegen Ende des Neuen Reichs entstandene Erzählung, spiegelt den Niedergang Ägyptens wider, das inzwischen von seinen Nachbarn verachtet wird. Als Wenamun zum Holzkauf in den Libanon reist, wird er dort verhöhnt.

Auf den Schultern der Priester ruhen die Holme der Prozessionsbarke des Amun. Die Träger haben wie alle Angehörigen der Priesterschaft kahl rasierte Köpfe und tragen lange, fein gefältelte Leinengewänder.

Prozessionen die göttliche Barke auf ihren Schultern. In jeder Gruppe sind die reinen Priester in vier „Phylen" unterteilt, vergleichbar mit Arbeitsschichten, die abwechselnd ihre Aufgaben wahrnehmen. Außerhalb des Tempelbezirks leben die Priester bei ihren Frauen und Kindern.

Neben der Priesterschaft gehören weitere Personen zum Tempel, darunter die **Vorleser**, die bei den Zeremonien die auf Papyrus* festgehaltenen Beschwörungsformeln ablesen, die **Astronomen**, die Datum und Uhrzeit für die Rituale festlegen, **Musiker** und **Sänger** beiderlei Geschlechts, die die Prozessionen musikalisch begleiten und **Gelehrte**, die in den zum Tempel gehörenden Kulturzentren die heiligen Texte verfassen.

Priesterweihe

Die vier ersten Propheten* werden vom König ernannt, bei den übrigen Priestern wird das Amt meist vom Vater an den Sohn weitergegeben. Vor seinem Amtsantritt wird der Priester geweiht. Bei dieser Zeremonie gießt man ihm heiliges Öl auf die Hände, dann wird er dem Gott vorgestellt, dem er dienen will. Dies ist das einzige Mal in seinem Leben, dass er die Statue des Gottes in dessen Heiligtum zu Gesicht bekommt.

Strikte Regeln

Dieser kahl rasierte Priester ist in ein Leopardenfell gehüllt. In demütig kniender Stellung erhebt er betend die Hände.

Von den Priestern wird größte Reinlichkeit erwartet. Sie waschen sich im heiligen See des Tempels, rasieren sich Bart- und Kopfhaar ab und entfernen auch die als unrein geltende Körperbehaarung. Gekleidet sind sie in einen Lendenschurz und eine Tunika aus feinem weißem Leinen. Das Reinheitsgebot erstreckt sich nicht nur auf den Körper, sondern auch auf die Moral: Solange sich ein Priester im Tempel aufhält, darf er nichts Böses tun.

FRÖMMIGKEIT IM ALLTAG

Das Volk hat keinen Zutritt zu den Tempeln. Bei den Prozessionen sehen sie die Barken, in denen die Götterstatuen umhergetragen werden, doch bleiben die Statuen selbst verborgen. Die Menschen beten vor den Pforten der großen Tempel, in dem Glauben, die Götter im Inneren könnten sie hören. In den Dörfern gibt es Tempel für Nebengottheiten. Die Gläubigen legen dort Gegenstände ab, mit denen sie dem Gott eine Bitte vortragen oder danken wollen. In den Häusern stellt man zum Schutz des Haushalts Bilder von Bes und Toeris auf.

1070 v. Chr.
Das Neue Reich geht über in die Dritte Zwischenzeit. Hauptstadt der 21. und 22. Dynastie (1070-735 v. Chr.) wird Tanis in Unterägypten. Die Könige weihen dem Amun einen Tempel und lassen sich in dessen Mauern bestatten.*

um 1050 v. Chr.
In China folgt die Chou-Dynastie (1050-221 v. Chr.) auf die der Shang. Das Land ist in Feudalstaaten unterteilt, deren Fürsten dem Kaiser unterstehen. Im 8. Jahrhundert v. Chr. zerfallen die Staaten in Fürstentümer, der Adel sichert sich Freiheit und Privilegien.

Karnak – das Haus des Amun

2000 Jahre lang ist die größte Tempelanlage Ägyptens eine Baustelle. Die ältesten Teile stammen aus der Regierungszeit Sesostris' I. (1956-1910 v. Chr.), die jüngsten aus der römischen Epoche. Bei seiner Thronbesteigung verkündet jeder neue Pharao, mit welchen Bauvorhaben in Karnak er dem Staatsgott Ehre erweisen will.

Tempelbau

Der Bau eines ägyptischen Tempels beginnt stets mit dem Allerheiligsten, das für die Kulthandlungen unerlässlich ist. Von dort aus wächst der Gebäudekomplex entlang einer Ost-West-Achse, die sich am Lauf der Sonne orientiert, bis zum Eingangsbereich.

DER DROMOS ❶
Die Achse des Zugangswegs wird im Zuge der Erweiterung der Anlage verändert. Gesäumt ist der Dromos von Sphingen mit Widderköpfen, denn dieses Tier ist dem Amun heilig. Die unter Amenophis III. (1388-1351 v. Chr.) entstandenen Statuen werden von Ramses II. (1279-1213 v. Chr.) wieder verwendet.

DER ERSTE PYLON ❷
Das aus zwei Türmen gebildete monumentale Portal ist der Eingang zum Tempelbezirk. Der von Nektanebis I. (380-362 v. Chr.) begonnene Bau wird nie vollendet. Sogar die aus Lehmziegeln errichteten Gerüste blieben erhalten.

DER ERSTE HOF ❸
Ausschließlich zu diesem Teil der Anlage hat das Volk an bestimmten Festtagen Zutritt, um den Auszug des Gottes zu sehen. Im Hof stehen der Altar Sethis II. (1200-1194 v. Chr.) und der Altar Ramses' III. (1183-1152 v. Chr.) ❹, an denen die Prozessionsbarke Halt macht. Auf hohen, wie Papyrusstauden* geformten Säulen wölbt sich ein majestätischer Pavillon, den der sudanesische König Taharka (690-664 v. Chr.) errichten lässt, daran schließt sich der zweite Pylon* an. An den Seiten ist der Hof von Säulengängen gerahmt.

DER GROSSE SÄULENSAAL ❻
Der gewaltige Hypostylos* ist das Kleinod Karnaks. Der zwischen dem 2. ❺ und 3. Pylon* ❼ gelegene Säulensaal wird von Sethi I. (1290-1279 v. Chr.) begonnen und von dessen Sohn Ramses II. vollendet. Er zählt nicht weniger als 134 Säulen. Im höheren Mittelgang sind sie von gewaltigen Kapitellen in Form offener Papyrusblüten* gekrönt.

967 v. Chr.
Salomon (970-930 v. Chr.), König der Israeliten, baut in Jerusalem den ersten Tempel für die Bundeslade mit den Gesetzestafeln, die Moses von Gott erhielt. Er wird 587 v. Chr. zerstört, 70 Jahre später wieder aufgebaut und von Herodes im 1. Jahrhundert v. Chr. erweitert.

um 930 v. Chr.
Zu Beginn der 22. Dynastie finden die Mumien aus dem Tal der Könige, die mehrmals umgebettet wurden, um sie vor weiteren Plünderungen zu schützen, endgültig in Deir el-Bahari die letzte Ruhe. Dort werden sie 1881 entdeckt.*

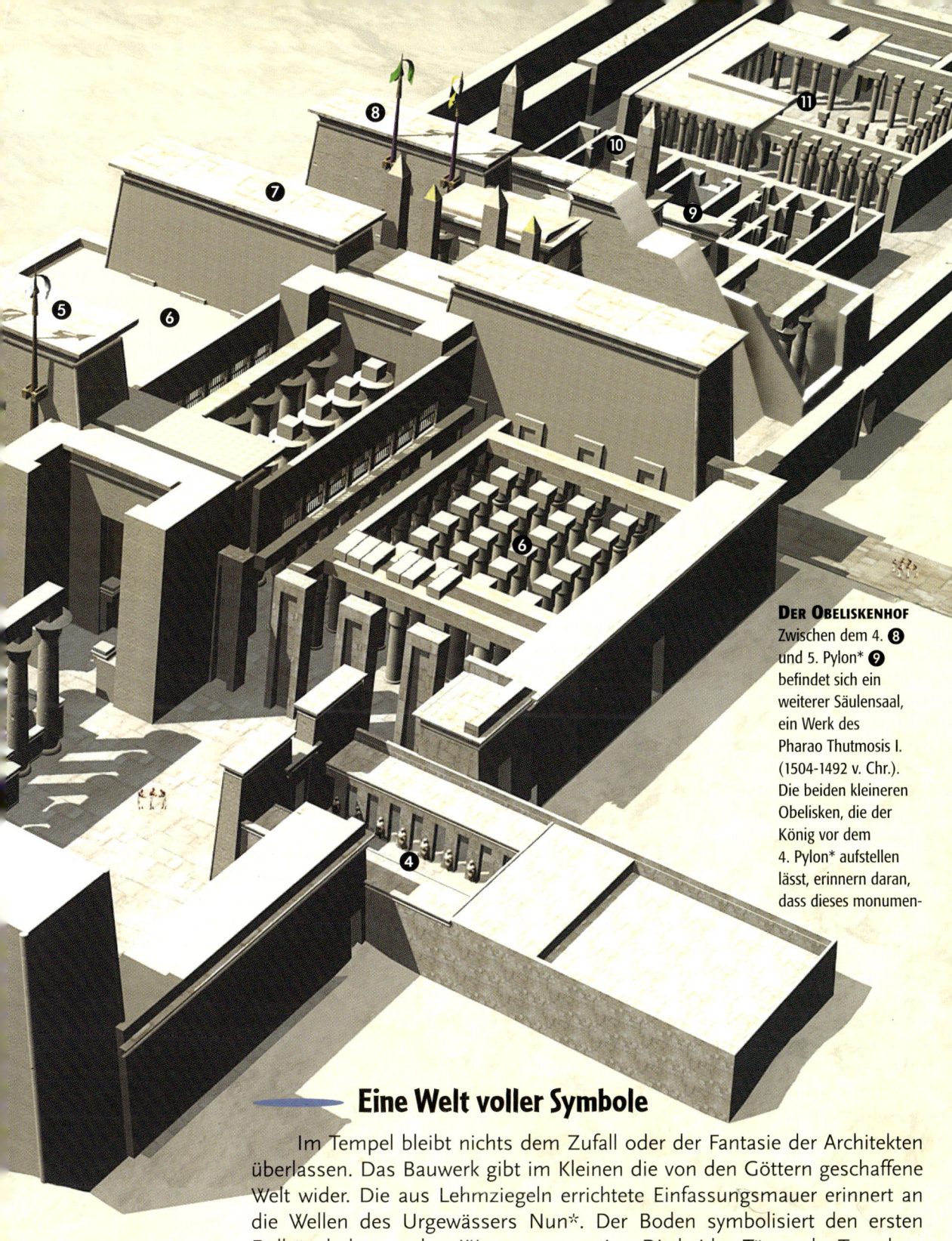

DER OBELISKENHOF

Zwischen dem 4. ❽ und 5. Pylon* ❾ befindet sich ein weiterer Säulensaal, ein Werk des Pharao Thutmosis I. (1504-1492 v. Chr.). Die beiden kleineren Obelisken, die der König vor dem 4. Pylon* aufstellen lässt, erinnern daran, dass dieses monumentale Tor einst den Eingang zum Tempel bildete. Einer der beiden Monolithen aus Granit steht noch aufrecht. In dieser Halle, wo die Rituale der Königskrönungen stattfinden, lässt Königin Hatschepsut (1479-1458 v. Chr.) zwei weitere Obelisken aufstellen, von denen einer erhalten ist.

DAS HEILIGTUM DER BARKE

Hinter dem 5. ❾ und 6. Pylon* ❿ erstreckt sich ein Granitbau. Dort ist die heilige Barke aufgestellt, in der bei Prozessionen die Statue des Gottes umhergetragen wird.

DER TEMPEL DES MITTLEREN REICHS

Hier befindet sich das Amun-Heiligtum ⓫, in dem die Priester die täglichen Kulthandlungen vollziehen. Doch dieser Teil des Tempels wird im Mittelalter zerstört. Anhand erhaltener Tempel haben Ägyptologen genaue Vorstellungen davon, wie er aussah.

Eine Welt voller Symbole

Im Tempel bleibt nichts dem Zufall oder der Fantasie der Architekten überlassen. Das Bauwerk gibt im Kleinen die von den Göttern geschaffene Welt wider. Die aus Lehmziegeln errichtete Einfassungsmauer erinnert an die Wellen des Urgewässers Nun*. Der Boden symbolisiert den ersten Erdhügel, der aus dem Wasser emporstieg. Die beiden Türme der Toranlage stehen für die Berge im Osten und Westen, zwischen denen die Sonne ihren Tageslauf vollzieht. Die Säulen sind Abbilder der Pflanzen und die Decke ist Sinnbild des Himmels. Das Heiligtum mit der Götterstatue steht für den Horizont, den Punkt, an dem Himmel und Erde verschmelzen.

925 v. Chr.
Pharao Scheschonq I. (946-924 v. Chr.) überfällt die jüdischen Königreiche und plündert Jerusalem. Doch sein Feldzug ist letztlich nutzlos, denn Ägypten erobert seine gegen Ende des Neuen Reichs verlorenen Besitzungen in Palästina nie mehr zurück.

911 v. Chr.
Unter Adad-nerari II. (911-891 v. Chr.) beginnt die Ausweitung Assyriens. Mit der damals mächtigsten Armee ihrer Zeit besetzen die Assyrer im Vorderen Orient ein riesiges Reich. Zur Abschreckung behandeln sie die Besiegten mit ungeheurer Brutalität.

Die Weltordnung bewahren

Jeden Tag erwachen die Tempel Ägyptens noch vor Sonnenaufgang zum Leben. Die Priester bereiten sich auf die Kulthandlungen vor, die sie im Namen des Königs vollziehen. Die zufriedenen Götter schenken dem Pharao dafür Leben, Macht und Kraft zum Regieren. Durch diesen Austausch wird die von der Göttin Maat verkörperte Weltordnung aufrechterhalten. Das ist die Aufgabe des Tempels.

Fieberhafte Hektik

Es ist noch dunkel, als die Priester aus ihren Häusern treten, um sich im heiligen See von Karnak zu **reinigen**. In den angrenzenden Wirtschaftsräumen braten die Köche Geflügel, schmoren Fleisch und richten frisches Obst und Gemüse auf Platten an. Ihre Helfer stellen Gefäße mit Milch und Wein bereit. Einige Berufspriester warten bereits vor der Küchentür auf die Speisen. Ihre Kollegen haben inzwischen die Säle des Tempels gesäubert. Sie haben die Fußböden gefegt und mit **Weihwasser** besprengt und **Weihrauch** in den Räucherpfannen verbrannt. Nun enthalten die Räume keinerlei Unreinheiten mehr, die den Gott bedrohen könnten.

Geruhsames Erwachen

Die Priester finden sich nun vor dem Opfersaal zusammen, wo dem Gott sein Frühstück gereicht werden soll. In der Hand eine Fackel, nähert sich der zweite Prophet* allein dem Heiligtum. Er bricht das Tonsiegel auf, das die Tür sichert und betritt auf Zehenspitzen den im Dunkeln liegenden Saal. Dort schiebt er schnell die Holzplatte beiseite und nähert sich dem Naos*, dem kleinen, auf einem Steinsockel stehenden Schrein, und klopft an dessen Tür, um **den Gott aufzuwecken**.

König Sethi I. klopft vorsichtig an die Tür des Naos, in der die Statue des Amun Re steht und weckt so den Gott auf.

853 v. Chr.
Anlässlich seines Thronjubiläums, das seine Macht und Stärke magisch erhöhen soll, lässt Pharao Osorkon II. den der Katzengöttin Bastet geweihten Tempel von Bubastis erweitern. Er will damit an die Pracht alter Jubiläumsfeiern anknüpfen.

um 850 v. Chr.
In Chavin de Huantar in einem Tal im Norden Perus entwickelt sich bis 200 v. Chr. die erste Hochkultur des Landes. Als religiöses Zentrum zeichnet sich Chavin durch seine Monumentalbauten und kostbaren Steinreliefs aus.

Sethi I. schiebt den Riegel zurück, der die Tür des Naos* verschlossen hält und betrachtet die Götterstatue.

Im selben Moment stimmt der Chor der Priester ein Wecklied an: „Du, der du friedevoll erwachst, erwache in Frieden, erwache, Amun Re." Der Prophet* öffnet die Tür des Schreins und umarmt die Götterstatue. Dieser Ritus soll den Gott bewegen, in die Statue zurückzukehren, die er über Nacht verlassen hatte.

Sich von Maat ernähren

Der Priester nimmt die Mahlzeit vom Vorabend fort und füllt im Opfersaal einen frischen Teller mit verschiedenen Gerichten, die er der Statue anbietet. Zugleich bringt er ihm eine kleine Figur der Göttin Maat dar. Im Laufe der Mahlzeit nimmt der Gott nämlich auch Maat, die Weltordnung, in sich auf. Im Gegenzug hilft sie dem König, das von ihr verkörperte Gleichgewicht des Universums zu erhalten. Dies ist der wichtigste Teil des Rituals. Sobald es vollendet ist, wäscht, parfümiert und kleidet der Priester die Götterstatue. Zum Schluss schließt er die Türen des Naos* wieder und verlässt rückwärts das Heiligtum, wobei er mit einem Besen **seine Fußspuren verwischt**. Die Tür zum Heiligtum wird bis zum nächsten Tag wieder versiegelt. Vor den Türen des Heiligtums finden im Laufe des Tages **zwei weitere Gottesdienste** statt, jeweils am Mittag und am Abend. Die Priester reichen Amun Re Speisen und richten Gebete an ihn.

Ein Priester bringt Amun Re in seinem Heiligtum eine kleine Statue der Maat dar. Die Göttin sitzt auf einem Korb.

Königin Hatschepsut verlässt das Heiligtum und verwischt dabei mit einem Besen ihre Fußspuren.

53

um 850 v. Chr.
Dem Dichter Homer, der im 9./8. Jahrhundert v. Chr. lebt, werden zwei Epen zugeschrieben: Die Ilias schildert die Belagerung Trojas durch Agamemnon, den König von Mykene. Die Odyssee dagegen erzählt von den Irrfahrten des Odysseus aus Ithaka.

um 850 v. Chr.
Die Etrusker siedeln sich in Italien an und gründen die erste städtische Hochkultur der Halbinsel. Ihre genaue Herkunft ist unbekannt, auch ihre Sprache ist bisher nicht entschlüsselt. Ihre Toten bestatten sie in prachtvollen Gräbern.

Die jubelnde Stadt

Endlich ist der Tag des Opet-Fests* gekommen! Wie jedes Jahr werden die Thebaner diesen Höhepunkt des Jahres gebührend feiern. Im Laufe der Feierlichkeiten wird die Amun-Statue mit großem Prunk den Tempel von Karnak verlassen und in der heiligen Barke zum drei Kilometer entfernten Heiligtum in Luxor gebracht.

um 850 v. Chr.
Die Kelten lernen, aus Eisen Waffen zu schmieden. Mit der Hallstattkultur beginnt die erste Eisenzeit (850-480 v. Chr.). Die keltischen Fürsten kommen durch den Handel zwischen Nordeuropa und dem Mittelmeerraum zu Reichtum.

814 v. Chr.
Die Phönizier gründen an der Küste des heutigen Tunesien die Kolonie Karthago. Schon bald durch Handel reich geworden, wird sie zu einer der mächtigsten Städte des Mittelmeerraums. 146 v. Chr. wird Karthago von den Römern zerstört.

Langwierige Vorbereitungen

Heute vollzieht der König den Kult um die **Götterstatue** höchstpersönlich, deshalb sind die Riten aufwändiger als sonst. Der Pharao wäscht die Statue und schmückt sie mit prächtigen Gewändern und kostbarem Schmuck. Die Priester stellen sie dann im Naos* auf die Barke. Die Träger heben die Holme des Bootes auf die Schultern und gehen durch die aus Räucherbecken aufsteigenden Weihrauchschwaden zum Ausgang. Unvermittelt springt das Portal zum Hypostylos* auf. Die im Hof versammelten Würdenträger begrüßen den Gott mit Freudenrufen.

Fahrt auf dem Nil

Nach einigen Zwischenstopps an den **Altarschreinen** im Hof, wo Speiseopfer bereit stehen, erreicht der Gott die Anlegestelle des Tempels und wird dort an Bord einer echten Barke gebracht, deren Bug und Heck mit Widderköpfen – einem dem Amun heiligen Tier – geschmückt sind. Statuen der Mut, des Khonsu und des königlichen Ka* begleiten den Gott, jede davon in einer eigenen Barke. Am Ufer streiten sich die Würdenträger um die Ehre, die Schiffe ziehen zu dürfen. Dem Festzug schließen sich mit Lanzen und Schilden bewaffnete Soldaten, Musiker und Tänzerinnen an. Den Rhythmus der Prozession geben Priester mit ihren Gesängen vor. Die Menschenmassen, die sich bereits seit Stunden am Wegesrand drängen, brechen in Begeisterung aus. Endlich einmal dürfen sie ihrem Gott nahe sein. Alle recken die Hälse, um den König vorn auf seinem Boot stehen zu sehen. Welche Pracht!

In der Verschwiegenheit des Tempels

Stunden später erreichen die Boote **Luxor**. Die heiligen Barken werden zu den Altären getragen, wo bereits saftige Fleischstücke warten. Nachdem die Musiker und Tänzerinnen die Ankunft des Gottes gebührend gefeiert haben, verschwinden die Boote im Innern des Tempels. Die Statuen der Götter und des Königs nehmen an der Zeremonie teil. Sie ist für die Zukunft des Staates von entscheidender Bedeutung, denn sie soll die Göttlichkeit des Königs für das kommende Jahr erneuern. Die Riten selbst sind nicht genau überliefert. Am Ende eines Aufenthaltes, der zwischen elf und vierundzwanzig Tagen dauert, kehren die Statuen nach Karnak zurück.

VEREINIGUNG MIT DER SONNENSCHEIBE

Das Tempelleben ist von vielen religiösen Festen geprägt. Die meisten davon finden innerhalb der Anlage statt. Neujahr, als eines der wichtigsten Feste, wird von allen Tempeln im Land zeitgleich gefeiert. Die Götterstatue wird in einen kleinen Schrein eingeschlossen und nachts auf das Dach des Tempels getragen. Am Morgen wird sie von den Priestern hervorgeholt und den Strahlen der aufgehenden Sonne ausgesetzt, die so das Götterbild für das kommende Jahr mit neuer Energie füllt.

776 v. Chr.
Die Griechen veranstalten die ersten Olympischen Spiele, die von da an bis 394 n. Chr. alle vier Jahre in Olympia stattfinden. Sportliche Wettkämpfe und religiöse Riten wechseln sich ab. Das Publikum ist ausschließlich männlich.

753 v. Chr.
In diesem Jahr gründet der Sage nach Romulus die Stadt Rom und wird ihr erster König. Dabei handelt es sich zunächst nur um ein paar Dörfer. Alles, was Politik, Gericht, Handel und Religion betrifft, wird auf dem riesigen Platz am Tiberufer, dem Forum, erörtert.

In der Steinmetzwerkstatt

Im Dienste Amuns zu stehen ist der Traum unzähliger Künstler und Handwerker. Doch nur die geschicktesten unter ihnen finden Arbeit in den Werkstätten des Gottes, die sich innerhalb der Tempelanlage von Karnak befinden. Von morgens bis abends hallen die Gebäude wider vom Lärm der Werkzeuge und den Rufen der Bildhauer.

Gut gefüllte Lager

Um die oberen Teile der königlichen Kolossalstatuen bearbeiten zu können, benötigen die Bildhauer Gerüste. In der Mitte polieren sie gerade einen Sphinx und einen Opfertisch.

Schreiber*, mit Papyrus* und Schreibfedern aus Kalmus* bewaffnet, beaufsichtigen die Ausgabe der Rohstoffe, die in den zahlreichen Lagern von Karnak aufbewahrt werden. Sie halten fest, wie viele Steinblöcke den Bildhauern geliefert werden. Granit, Quarzit, Grauwacke, Kalkstein und Alabaster sind die am häufigsten verwendeten Steine. Andere Schreiber* sind mit der Ausgabe der Werkzeuge beschäftigt: Holzhämmer, Meißel mit Holzgriffen und Dechsel* zum Schneiden des Steins, Drillbohrer zum Bohren von Löchern und Kugeln aus hartem Gestein wie etwa Dolerit, die man zum Polieren der Statuen mit Sand über die Oberfläche reibt.

Meisterhafte Technik

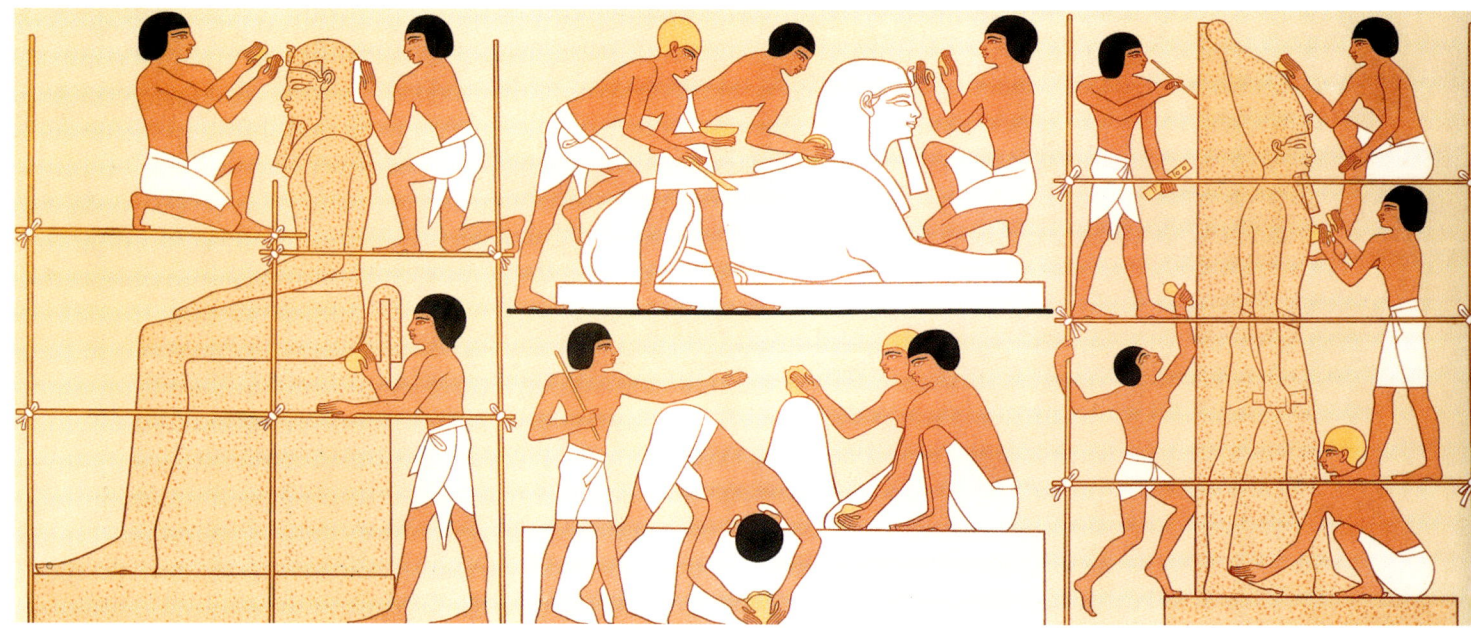

Die Steinmetzen arbeiten in Gruppen und fertigen ein Kunstwerk gemeinsam an. Zunächst zeichnet einer der Künstler mit einer in rote Farbe getränkten Schnur an den vier Seiten des Steinblocks ein Gitternetz aus rechtwinkligen Linien. In die so entstandenen Quadrate gibt der Meister mit roter Tinte die Umrisse der künftigen Statue vor. Mithilfe des

746 v. Chr.
Kaschta, König des Sudan, beginnt mit der Eroberung Ägyptens, die sein Sohn Piye vollendet. Das Land wird bis 664 v. Chr. durch die 25. Dynastie der Kuschiten* beherrscht. Sie bauen die Amuntempel in Theben und in Gebel Barkal im Sudan aus.

um 740 v. Chr.
Erstmals ist die Nutzung von Dromedaren in Qasr Ibrim in Unternubien eindeutig belegt. In Ägypten sind Dromedare bis zur Eroberung durch die Perser weiterhin selten. Sie breiten sich unter der Landbevölkerung erst unter den Römern ab 30 v. Chr. aus.

Die Bearbeitung von Amun Re-Statuen vertraut man nur den bedeutendsten Bildhauern an. Das beweist etwa die überaus feine Ausführung dieses Porträts.

▼

Gitternetzes kann er die vorgegebenen **Regeln** für die Proportionen der Personen genau befolgen. Nachdem Fehler mit schwarzer Tinte berichtigt wurden, überlässt der Meister die Arbeit zunächst den Lehrlingen, die den Stein mit Hammer und Meißel grob vorbereiten. Anschließend fertigt der Meister eine genauere Zeichnung an, die von erfahrenen Steinmetzen mit feinen Meißeln aus dem Stein herausgearbeitet wird. Details wie Mund, Nase oder Hände nehmen Gestalt an. Vertiefungen wie für die Ohren entstehen mit dem Drillbohrer. Zum Schluss poliert man den Stein, um ihn zu glätten und Unebenheiten auszugleichen. Oft werden die fertigen Figuren noch **bemalt**.

Kein Raum für Fantasie

Da es sich bei den Statuen um religiöse Kultgegenstände handelt, haben die Bildhauer keine Möglichkeit, ihrer künstlerischen Fantasie freien Lauf zu lassen. Ihre Werke stellen Götter und Göttinnen dar, die in einem Tempel stehen werden, um die Weltordnung zu erhalten. Damit das Gleichgewicht des Universums nicht gestört wird, müssen die Skulpturen die von den Priestern vorgegebenen Modelle ganz getreu nachahmen. Pharaonen werden meist im Stehen mit seitlich herabhängenden oder vor der Brust verschränkten Armen, im Sitzen mit den Händen auf den Oberschenkeln oder kniend abgebildet.

◄
König Merenptah beansprucht die Statue Thutmosis' III. für sich selbst.

WARUM DAS LINKE BEIN?

Ob Mann, ob Frau, König, Adliger oder Gott – die ägyptischen Statuen haben eines gemeinsam: Sie alle zeigen stehende Figuren, deren linkes Bein in Schrittstellung vorgestreckt ist. Dieser Brauch stammt aus der Hieroglyphenschrift. Die Ägypter lesen die Zeichen normalerweise von rechts nach links, sodass die Hieroglyphe* für den gehenden Menschen eine Figur mit vorgestrecktem linkem Bein zeigt. Dieses Bild wird ab 2700 v. Chr. als unverrückbare Regel für die Bildhauerkunst übernommen.

◄
Der Koloss zeigt Pinudjem (1070-1032 v. Chr.), den Amun-Hohepriester Süd-ägyptens. Zu seinen Füßen ist seine Gemahlin abgebildet.

57

🏯 **um 700 v. Chr.**
König Sanherib (704-681 v. Chr.) macht Ninive zur Hauptstadt Assyriens und stattet sie mit gewaltigen Stadtmauern aus. Sein Enkel Assurbanipal (669-627 v. Chr.) baut einen riesigen Palast mit vielen Reliefs; die schönsten davon zeigen eine Löwenjagd.

🪙 **um 700 v. Chr.**
In Kleinasien tauchen erste Münzen auf, Metallstücke mit einem bestimmten Gewicht, für die der jeweilige Staat einen festen Wert garantiert – eine Erfindung der Lydier oder Griechen, die sich im 6. Jahrhundert v. Chr. auf dem griechischen Festland ausbreitet.

Luxus für die Götter

Für Amun Re ist das Beste gerade gut genug. Abgesehen von den Steinmetzen sind auch andere Künstler und Handwerker damit beschäftigt, den Gott zufrieden zu stellen. Sie fertigen für den Tempel Figuren und Schmuck aus Edelmetall, Möbel, Geschirr und sogar feine Stoffe und Kleidungsstücke an.

AMUNS DIENERSCHAFT

Zu den Arbeitern im Dienste Amuns gehören auch Gerber, Töpfer, Maurer, Korb- und Mattenflechter sowie Parfümeure. Außerdem herrscht Amun über tausende von Bauern, die seine Felder bestellen, sowie natürlich über die Priesterschaft. Nach einer von Ramses III. (1183-1152 v. Chr.) angefertigten Aufstellung dienen dem Gott insgesamt 86 486 Personen. Heliopolis als zweitgrößter Tempel Ägyptens verfügt nur über 12 963 Arbeitskräfte und das an dritter Stelle stehende Memphis gerade einmal über 3079.

Dieses Schmuckstück aus Gold und Lapislazuli stellt Osiris zwischen Horus (mit der Doppelkrone) und Isis (mit Kuhgehörn und Sonnenscheibe) dar. Es handelt sich um ein Pektoral, das mithilfe der Goldfibel an einer Kette befestigt und um den Hals getragen wird. Diese schöne Arbeit gehört König Osorkon II. (874-850 v. Chr.).

◄

An den Wänden des Grabes von Wesir* Rechmire in Theben sieht man Schmiede ein Feuer schüren, über dem sie das im Tiegel befindliche Metall schmelzen.

▼

Gold für Amun Re

Der kostbare Rohstoff wird in der Schatzkammer von Karnak gut bewacht. Verarbeitet wird das Gold gleich nebenan in der Goldschmiedewerkstatt. Dort wird das Edelmetall in Keramiktiegeln bis 1000 °C erhitzt. Das Feuer schüren die Gehilfen des Gießers mithilfe von Blasebälgen. Das geschmolzene Gold gießt man in Tonformen zu kleinen massiven Figuren oder schlägt das weiche Edelmetall mit Steinklopfern zu feinem Blattgold. Auf niedrigen Hockern sitzend, behämmern die Goldschmiede die hauchdünnen Platten, mit denen sie Holz- oder Steinstatuen überziehen. Aus Gold macht man auch kleine Gefäße, Halsketten, Armreifen, Ringe und Ohrschmuck. Die für Götterstatuen bestimmten Schmuckstücke sind oft mit Einlegearbeiten aus Halbedelsteinen oder buntem Glas verziert.

um 700 v. Chr.
Die Skythen, nomadische Viehzüchter iranischen Ursprungs, lassen sich nördlich des Schwarzen Meeres nieder, nachdem sie die dortige Bevölkerung vernichtet haben. Ihre von der Tierwelt angeregte Kunst spiegelt ihre Lebensweisen wider.

664 v. Chr.
Der assyrische König Assurbanipal überfällt mit seiner Armee Ägypten und plündert die über Jahrhunderte in den Tempeln von Karnak und Theben angehäuften Schätze. Die Ägypter sind fassungslos vor Entsetzen; die 25. Dynastie* geht zu Ende.

Bronzeguss

Die Bronzeschmiede verfügen über eine eigene Werkstatt, in der sie Kultgefäße fertigen. Wie die Goldschmiede schmelzen sie zunächst das Metall, in diesem Fall eine Legierung aus Kupfer und Zinn, das aus Vorderasien importiert wird. Durch Hämmern wird die Bronze zu Kannen, Gefäßen und einbeinigen Tischchen verarbeitet. Außerdem fertigen die Bronzeschmiede Türangeln und Riegel an.

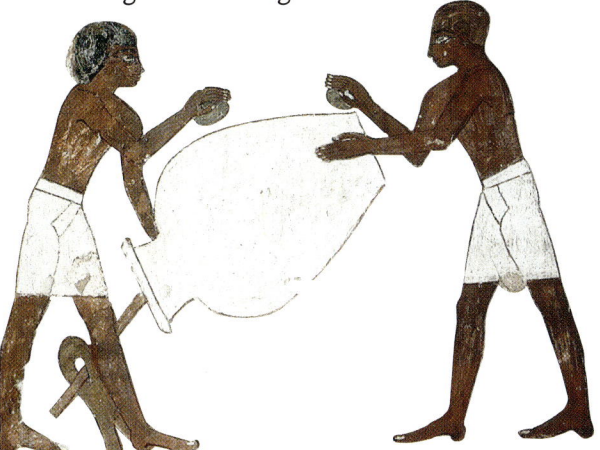

Zwei Metallarbeiter polieren mit Steinen ein großes Bronzegefäß.

Gewänder für Götter und Priester

In den Lagerräumen von Karnak stapeln sich Stoffballen, die von den Webern und Weberinnen auf den zur Tempelverwaltung gehörenden Gütern gefertigt werden. Ein paar Nähte genügen, um aus dem weißen, manchmal auch blau, rot, gelb oder grün gefärbten feinen Leinen Hemden, Lendentücher mit Gürtel, Trägerkleider oder Mäntel zu schneidern. Die Kleidungsstücke sind für die Priester und Götterstatuen bestimmt.

Holz für das Haus des Herrn

Schreiner sägen Türen für die Pylone* und Tempelsäle zu, fertigen Naos*, Truhen für Kleidung und Schmuck sowie Tische und Bänke für Opfergaben. Mit Sägen zerteilen sie Baumstämme in Bretter und bearbeiten diese dann mit Dechseln* und Stemmeisen. Zum Schluss setzen sie dann die Einzelteile mithilfe von Zapfen oder Schwalbenschwanzverbindungen zusammen. Nach dem Polieren werden die Möbel oft mit Gips überzogen und bemalt. In ihre Arbeit vertieft, feuern die Handwerker sich gegenseitig mit gutmütigen Scherzen an.

Ein Stück weiter an derselben Wand des Grabes von Rechmire sieht man Tischler bei der Arbeit an einem Schrein aus vergoldetem Holz und einer Holzsäule. Einige Arbeiter schnitzen den *djed*-Pfeiler, das Symbol für Stabilität und das schützende *tet*-Amulett der Isis in die Seitenwände des Schreins.

664 v. Chr.
Die Fürsten von Sais im Norden Ägyptens stellen die Reichseinheit wiederher und begründen mit der 26. Dynastie* (664-525 v. Chr.) die Spätzeit. Sie erneuern die alten Traditionen und bewirken eine Renaissance der Kunst, vor allem in der Plastik.

um 650 v. Chr.
Die im Norden Ägyptens entstehende demotische Schrift ersetzt im Alltag nach und nach die hieratische*. Sie wird vor allem für Gerichts- und Verwaltungsdokumente verwendet und ist wegen der vielen Verweise und Abkürzungen schwer zu entziffern.

Mit einer Notiz betreffend eine dringende Lieferung von vier Fenstern gibt dieses Ostrakon* Aufschluss über den Alltag der Handwerker.

Arbeiter fernab der Gemeinschaft

Am Westufer Thebens, wo sich die Begräbnisstätten befinden, liegt versteckt **Pa Demi**, ägyptisch für „Dorf", das heutige Deir el-Medina. Es wird 1500 v. Chr. durch Thutmosis I. als Siedlung für die Arbeiter gegründet, die seine Grabstätte errichten, und ist danach noch fast 500 Jahre lang bewohnt.

PYRAMIDEN ALS GRABMALE

Um 2680 v. Chr. errichtet König Djoser mithilfe des Architekten Imhotep die erste Pyramide Ägyptens. Sie besteht aus sechs Stufen und ist 60 m hoch. Der König wird unter der gewaltigen Steinmasse beigesetzt. König Snofru lässt etwas später die ersten Pyramiden mit glatten Flächen bauen. Sein Sohn Cheops, der die große Pyramide von Gizeh hinterlässt, achtet auf perfekte geometrische Maße. Bis zum Ende des Mittleren Reichs um 1750 v. Chr. werden alle Könige in Pyramiden bestattet.

Die Arbeitersiedlung Deir el-Medina ist von einer Mauer umgeben. Die Gräber, in denen die Handwerker arbeiten, sind ringsum in den Berghang eingelassen.

Zahlreiche Vorteile

Die Arbeiter der königlichen Grabstätten sind von der Außenwelt abgeschnitten. Sie werden vom Staat mit allem Nötigen versorgt. Im Dorf, das von einer Mauer umgeben ist, wird ihnen ein kleines Reihenhaus und eine eigene Grabstelle zugeteilt. Ihren **Lohn**, der sich nach ihrer Stellung richtet, bekommen sie regelmäßig in Naturalien in Form von Weizen und Gerste. Kleidung, Öl, Wein, Fische, Gemüse, Obst, Holz zum Heizen und Kochen sowie Töpferwaren werden ebenfalls bereitgestellt, gelegentlich auch Honig, Salz, Fleisch und Leder sowie Datteln. Nach Rücksprache mit dem Wesir* werden oftmals auch die Söhne der Arbeiter eingestellt. Bevor sie ihre Arbeit aufnehmen, müssen sie einen **Eid schwören**.

625 v. Chr.
In Mesopotamien gründen die Chaldäer unter König Nabopolassar das neubabylonische Reich, das bis 539 v. Chr. Bestand hat. 612 v. Chr. unterwerfen sie die Assyrer mithilfe der aus dem Iran stammenden Medern.

604 v. Chr.
In Babylonien besteigt König Nebukadnezar (604-562 v. Chr.) den Thron. Er lässt die hängenden Gärten anlegen, die zu den sieben Weltwundern der Antike zählen, und die berühmten Stadtmauern errichten.

Gegen Ende der Regierung Ramses' III. (1183-1152 v. Chr.) wird in Deir el-Medina erstmals in der Geschichte ein Streik ausgerufen. Ausgelöst wird die Machtprobe durch eine dreiwöchige Verzögerung der Lohnzahlungen. Die ausgehungerten Männer legen die Arbeit nieder. Der Streik beginnt mit dem Ausruf: „Wir haben Hunger!" und setzt sich mit Demonstrationen fort. Nach mehreren Monaten geben die Behörden klein bei. Es kehrt wieder Normalität ein.

Ein eingespieltes Team

Die Arbeiter der Grabstätten unterstehen direkt dem Wesir* Oberägyptens. Der **Wesir* überwacht sie** und zahlt ihnen die Löhne aus. Die Handwerker sind in zwei Gruppen eingeteilt: die rechte und die linke Seite, entsprechend der Arbeitsteilung im Königsgrab, das wie ein langer Gang geformt ist. Jede Seite wird von zwei Leitern angeführt. Ein Schreiber* und sein Gehilfe kümmern sich um die Verwaltung. Man schätzt, dass an der Grabbaustelle **im Schnitt zwischen 40 und 60 Handwerker** beschäftigt waren. Die Leute von Deir el-Medina können auf weitere Arbeitskräfte zurückgreifen, die außerhalb ihres Dorfes wohnen, darunter Schmiede, Töpfer, Holzfäller, Gärtner und Wäscher sowie Wasserträger und Hilfsarbeiter.

Die teilweise mit Steinen befestigten Hausmauern sind mit Stampferde (Pisee) verputzt.

Arbeit und Freizeit

Die Handwerker arbeiten acht Stunden am Tag mit einer Pause an der Grabbaustelle. Zehn Tage hintereinander sind sie vor Ort ohne heimzukehren. In dieser Zeit wohnen sie in Hütten im Tal der Könige oder nahebei. Anschließend haben sie ein oder zwei Tage frei. Abwesenheit wegen Krankheit, Schlägereien, Trunkenheit und dergleichen wird sorgfältig festgehalten. Im Laufe eines Jahres bekommen die Handwerker **Urlaub**, um an Feierlichkeiten wie dem Opet-Fest* teilzunehmen, bei Beerdigungen und Kindsgeburten zugegen zu sein oder dem Besuch des Pharao in Theben beizuwohnen. Insgesamt kann die Zahl der freien Tage ein halbes Jahr ausmachen!

Die Grabhöhle von Deir el-Medina ist in den Berg gegraben. Sie lag früher unter einem Heiligtum mit einer kleinen Pyramide, wie es hier rekonstruiert wurde.

Dieser Pfad führt die Arbeiter ins Tal der Könige.
▼

um 600 v. Chr.
Pharao Necho II. (610-595 v. Chr.) lässt zur Förderung des Handels zwischen dem Nil und dem Roten Meer einen Kanal graben. Von einem Seitenarm des Nils aus beginnt man in Richtung Golf von Suez. Vollendet wird das Werk unter Kaiser Darius I. (522-486 v. Chr.).

587 v. Chr.
Die Juden lehnen sich gegen die babylonische Herrschaft auf und werden gnadenlos bestraft. Nebukadnezars Armee verschleppt sie nach Babylonien. Der Tempel in Jerusalem wird geplündert und zerstört. Die Juden sehen dies als Strafe Gottes.

Sorgfältige Arbeit

Bevor die Handwerker frühmorgens im Königsgrab an die Arbeit gehen, kündigt ihnen ihr Vorarbeiter einen Besuch des Königs an. An diesem Tag wird der Herrscher in Begleitung seines Wesirs* die Bauarbeiten in Augenschein nehmen. Ganz aufgeregt über diese Neuigkeit, verdoppeln die Handwerker von Deir el-Medina ihre Anstrengungen, denn sie sind sicher, dass der König sie für ihren Eifer belohnen wird.

Den Berg aushöhlen

Sobald der Pharao den Thron besteigt, plant er sein Weiterleben im Jenseits. Vermutlich mithilfe der Vorarbeiter von Deir el-Medina bestimmt der Wesir* Oberägyptens den **Standort des Königsgrabs**. Sobald dieser feststeht, wird feierlich der Grundstein gelegt. Dazu vergräbt man im Erdboden vor dem späteren Grab kostbare Dinge wie kleinere Goldstücke und Lapislazuli oder Miniaturwerkzeuge. Dann beginnen Arbeiter und Gehilfen mit dem Aushöhlen des Felsens. Sobald die Steinmetzen einen ersten Gang gegraben haben und beginnen, weiter in den Berg vorzudringen, folgen ihnen die nächsten Berufsgruppen, um die Wände zu bearbeiten.

Steinmetz- und Malerarbeiten

Nach Abschluss der Vorarbeiten machen die Arbeiter den **Zeichnern** Platz. Sie überziehen die Wände mit einem Gitternetz, in das sie ihre Skizzen einfügen. Nun sind die **Steinmetzen** an der Reihe. Mit unterschiedlich großen Bronzemeißeln arbeiten sie die **Flach- und Hochreliefs** heraus. Beim Flachrelief werden die Umrisslinien von Personen, Gegenständen oder Hieroglyphen* in den Stein hineingemeißelt, während beim Hochrelief die Flächen außerhalb der Konturen abgetragen werden.

Dort, wo die Wände lediglich bemalt werden, wie in den Gräbern von Thutmosis III. oder Amenophis II., gehen die Maler unmittelbar nach den Zeichnern ans Werk. In den Gräbern mit Reliefwänden, etwa dem von Sethi I., heben die Maler die fertigen Reliefs mit leuchtenden Farben hervor, die noch heute frisch wirken.

❶

um 556 v. Chr.
In Nepal wird Prinz Siddharta Gautama geboren, der später auch „Buddha" (der Erleuchtete) genannt wird. Er verlässt sein reiches Elternhaus und erlangt durch jahrelange Meditation Weisheit. 525 v. Chr. predigt er erstmals Enthaltung und Güte.

556 v. Chr.
Der Perser Cyrus I. (556-530 v. Chr.) ist König eines kleinen Landes, erobert jedoch ein Weltreich, das sich vom Iran bis zur West-küste der heutigen Türkei erstreckt und die griechischen Königreiche dieses Gebietes einschließt.

❶ Die Arbeiter treiben mithilfe von Holzhämmern lange Bronzemeißel in den Fels. Hilfskräfte sammeln die Kalksteinbrocken auf, tragen sie in Körben nach draußen und werfen den Schutt neben die Baustellen, manchmal einfach auf das Nachbargrab. So geschieht es, dass bei den Arbeiten am Grab Ramses' VI. der Eingang zum Grab des Tutanchamun versehentlich verschüttet und vergessen wird.

❷ Maurer glätten die Wände, Böden und Decken mit Sand und harten Steinen. Gipser verputzen Löcher und überdecken Unebenheiten im Felsgestein, das oft mit dicken Feuersteinbrocken durchsetzt ist.

❸ Die Zeichner unterteilen den Malgrund mit einem Gitternetz. Dazu tränken sie die Pinsel mit roter Farbe. So können sie maßstabsgerecht die Motive von ihren Papyrus*-Vorlagen auf die Wand übertragen. Ihr Meister nimmt anschließend mit schwarzer Farbe Korrekturen vor.

❹ Die Maler verwenden mineralische Pigmente. Das erklärt, warum die Farben so hervorragend erhalten sind. Weiß wird mit Kalk und Gips angemischt, Grün mit kupferhaltigen Mineralien wie Malachit, Gelb mit Ocker und Rot mit Eisenoxid. Schwarz entsteht mit Holzkohle oder Russ. Die Maler tragen die Farbe mit Pinseln gleichmäßig und ohne Schattierungen oder Abstufungen auf.

IM INNERN DER PYRAMIDE

Die Architekten haben sich viel Mühe gegeben, um die Grabkammer zu schützen, die neben dem Sarkophag auch die Schätze des toten Pharao enthält. Ein ganzes Arsenal an Türen und Fallgattern versperrt den Zugang. Dennoch gelingt es Grabräubern, alle Hindernisse zu umgehen, indem sie Tunnel in das weiche Gestein im Innern der Pyramide graben. Mit einem regelrechten Labyrinth von Gängen und Kammern versuchen die Baumeister, die Diebe zu verwirren, allerdings meist ohne Erfolg.

um 550 v. Chr.
In der griechischen Stadt Sparta überlässt man die Erziehung der Söhne dem Staat. Mit sieben Jahren werden die Jungen von ihrer Familie getrennt und nach äußerst strengen Vorgaben erzogen, um sie körperlich und charakterlich abzuhärten.

550 v. Chr.
Die Griechen von Ephesos in der heutigen Türkei weihen einen Marmortempel der Göttin Artemis. Der Bau wird 356 v. Chr. von Erostrates in Brand gesetzt, jedoch 325 v. Chr. wieder aufgebaut und gehört bis zu seiner Zerstörung zu den sieben antiken Weltwundern.

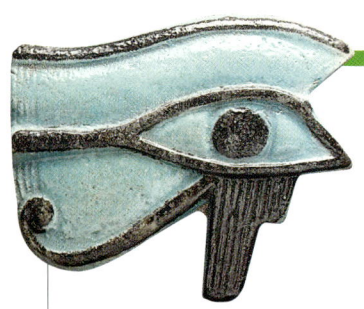

Ägyptische Heilkunst

Ein Arzt wird zu einem Kranken gerufen. Er befragt ihn nach seinen Symptomen und tastet seinen Leib ab, um festzustellen, ob Besonderheiten vorliegen und wo der Kranke Schmerzen hat. Ob er seinen Patienten allerdings heilen kann, bleibt ganz und gar ungewiss.

Im Tempel von Kom Ombo sind auf diesem Relief aus der zweiten Hälfte des 2. Jahrhunderts n. Chr. erstmals in Ägypten chirurgische Instrumente abgebildet (Zangen, Skalpelle, Verbände, eine Waage usw.). In diesem Fall sind sie von den Römern übernommen, doch gab es ähnliche Geräte zweifellos schon in der Pharaonenzeit.

Ungenaue Kenntnisse

Was die ägyptischen Ärzte über den menschlichen Körper wissen, beruht lediglich auf Betrachtungen von außen und ist deshalb nicht viel. Die Ärzte haben beispielsweise keine Ahnung, dass alle Lebensfunktionen des Körpers vom Gehirn gesteuert werden. Ihnen ist auch nicht bekannt, welche Rolle die Nerven spielen. Nach ihrer Vorstellung sind die Arterien, die das Blut in die Körperteile befördern, mit Luft gefüllt. Zur Zeit der Pharaonen macht die Medizin kaum Fortschritte.

Meister ihres Fachs

Die Medizin ist Sache der **Ärzte**, **Priester** und **Zauberer**. Wie die Ausbildung der Heilkundigen aussieht, ist nicht genau bekannt. Einige werden offenbar seit ihrer Kindheit von ihrem Vater unterwiesen, während andere vielleicht Schulen besuchen. Priester erlernen die Grundlagen der Medizin in Tempelschulen. Sie dienen der Göttin Sachmet, die Krankheiten verbreitet, aber auch heilt. Es gibt Chirurgen und andere Ärzte, die auf bestimmte Gebiete spezialisiert sind, wie etwa Erkrankungen der Augen, der Zähne oder des Bauches. Medizinische Abhandlungen dienen während des Studiums als Lehrbücher. Der älteste bekannte Text entsteht 1820 v. Chr. Später helfen diese Schriften den Ärzten bei der Diagnose und bei der Unterscheidung zwischen heilbaren und unheilbaren Krankheiten.

Das *tet*-Amulett* oder Isisblut schützt vor Krankheiten.

525 v. Chr.
Unter Führung des Kambyses fallen die Perser in Ägypten ein. 404 v. Chr. befreien sich die Ägypter von ihrem Joch, bis die Perser sie 434 v. Chr. erneut schlagen. Diese 60 Jahre sind die letzte Phase der Unabhängigkeit Ägyptens.

509 v. Chr.
In Rom zerschlägt der Adel die Monarchie und ruft die Republik aus. Die Regierung übernimmt der Senat, der aus Vertretern der Adelsfamilien besteht. Das Volk (die Plebejer) kämpft um seine Rechte.

Unerklärliche Krankheiten

Die Ursachen äußerlicher Verletzungen erkennen Ärzte sofort, etwa Verbrennungen, Schlangenbisse, Skorpionstiche oder Schnittwunden. Sie verschreiben dafür **Arzneimittel**, die aus den verschiedensten Pflanzen (etwa Gurken, Lattich oder Mohn), aus Mineralien (Granit oder Kupfer) oder Tierprodukten (Milch, Fett, Honig, Fleisch, sogar Exkrementen) zubereitet werden. Diese Medikamente, die sie meist selbst anrühren, helfen manchmal durchaus. Den Chirurgen gelingt auch die Heilung geschlossener Knochenbrüche, indem sie die Knochen an der Bruchstelle wieder aneinanderfügen und in richtiger Stellung zusammenheilen lassen. Da sie jedoch nicht wissen, wie Infektionen entstehen, was Viren, Parasiten und Tumore sind, können sie Entwicklung und Ausgang vieler Krankheiten nicht beeinflussen.

Der Arzt ergreift den Arm des Arbeiters am Ellbogen und renkt die ausgekugelte Schulter wieder ein.

▼

Dämonenvertreibung

Schuld an vielen Krankheiten sind nach dem Glauben der Ägypter Dämonen – Gespenster und böse Geister im Dienste der Göttin Sachmet. Eine Erkrankung wird deshalb als Strafe der Götter verstanden. Um die schädlichen Wesen zu vertreiben und die Götter zu besänftigen, wendet man sich an Zauberer. Diese sprechen Gebete und Beschwörungen: „Vertrieben sei der Feind, der in der Wunde steckt! Verjagt sei das Böse, das im Blut ist!" Sie hängen ihren Patienten schützende **Amulette** um den Hals, beispielsweise das Udjat-Auge* oder das Tet-Amulett* der Isis. Zudem verabreichen die Heiler **Zaubertränke**. So werden beispielsweise Papyri* mit Beschwörungen in Wasser eingeweicht, das man dem Kranken zu trinken gibt. Die Magier kratzen auch „heiligen" Staub von den Außenwänden der Tempel und verrühren ihn mit Wasser. Solche Tränke gelten als unfehlbare Mittel!

Das *Udjat*-Auge* ist ein mächtiges Schutzsymbol.

▼

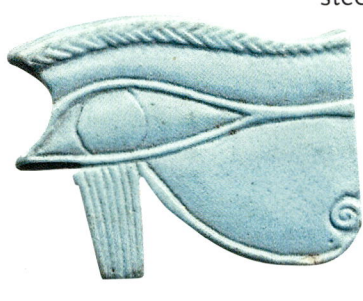

Kratzspuren auf einer Tempelmauer. Mit dem Staub werden Zaubertränke angerührt.

▼

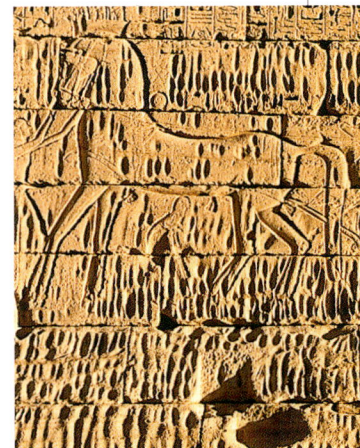

LEBENS-ERWARTUNG

Die mittlere Lebensspanne der Bauern und Arbeiter liegt zwischen 20 und 25 Jahren. Dieses geringe Alter erklärt sich zum Teil durch die enorm hohe Kindersterblichkeit. In den Friedhöfen stammen 15 bis 20 % der gefundenen Gebeine von Kindern unter 5 Jahren. Wer die frühe Kindheit überlebt, kann damit rechnen, rund 38 Jahre alt zu werden. Die Lebenserwartung der Frauen liegt niedriger, weil viele im Kindbett sterben. Die Könige und Würdenträger haben dank guter Ernährung eine etwas höhere Lebenserwartung.

um 500 v. Chr. bis 500 n. Chr.
In Nigeria gründen Bauern und Metallgießer die Nok-Kultur, die sehr ausdrucksvolle, von Hand modellierte Tier- und Menschenköpfe aus Ton hervorbringt. Nok ist der Name des Dorfes, in dem die ältesten dieser Skulpturen gefunden werden.

490 v. Chr.
In der Schlacht von Marathon halten die Griechen auf dem Festland den Vormarsch Darius' I. (522-486 v. Chr.) nach Westen auf. Der in Susa ansässige Herrscher verfolgt die gleiche Eroberungspolitik wie der Gründer des Perserreiches.

Einbalsamiert für die Ewigkeit

Das schrille Kreischen von Frauen hallt in der Straße wider. Sogleich wissen alle, dass jemand gestorben ist. Die Familie des Toten nimmt die Dienste professioneller Klageweiber in Anspruch. Um die Trauer der Angehörigen zum Ausdruck zu bringen, heulen, wehklagen und schreien sie und streuen sich Asche aufs Haupt.

— Den Körper erhalten

Ba, dargestellt als Vogel mit Menschenkopf, ist der bewegliche Teil des menschlichen Wesens. Er verlässt den Körper und das Grab, umfliegt das frühere Haus des Toten und atmet den milden Hauch des Nils ein. Dann kehrt er zurück und setzt sich auf die Mumie.
▼

Für die Ägypter ist es sehr wichtig, den Körper zu erhalten, denn er dient als Gefäß für die Elemente, die das ewige Leben des Menschen sichern: die Lebenskraft **Ka** und den Seelenvogel **Ba**. Deshalb muss der Verstorbene unverzüglich auf einer Barke ans Westufer Thebens gebracht werden, wo die Begräbnisstätten liegen. Diese Reise versinnbildlicht bereits den Übergang ins Jenseits.

Nach der Ankunft am anderen Ufer wird die Leiche in die Räume der **Einbalsamierer** gebracht, die durch ein künstliches Verfahren – die Mumifizierung – die Verwesung verhindern. Da es sich um einen religiösen Akt handelt, überlässt man dies den **Priestern**. Nur die Reichen haben Anspruch auf eine vollständige Mumifizierung. Ägypter mit bescheidenen Mitteln beschränken sich auf eine Behandlung mit Natron* und Binden. Die Armen haben keine andere Wahl, als ihre Toten dem Zerfall zu überlassen.

Ka wird als Doppelgänger des Menschen dargestellt und versinnbildlicht seine Lebenskraft. Er nimmt die in Speise- und Trankopfern enthaltene Energie auf und ernährt den Toten, damit dieser nicht verhungert oder verdurstet.
▼

480 v. Chr.
Die Kelten gründen die La Tène-Kultur (480-51 v. Chr.) in der Jüngeren Eisenzeit. Die Fürsten werden vertrieben. Dank der neuen Eisengerätschaften entwickelt sich eine blühende bäuerliche Gesellschaft.

450 v. Chr.
Der Grieche Herodot gilt als Vater der Geografie und Geschichtskunde. Nach einer Reise durch Ägypten schildert er in seinem Forschungsbericht die Sitten der Einwohner, die ihn sehr erstaunen. Auch das Einbalsamieren beschreibt er sehr genau.

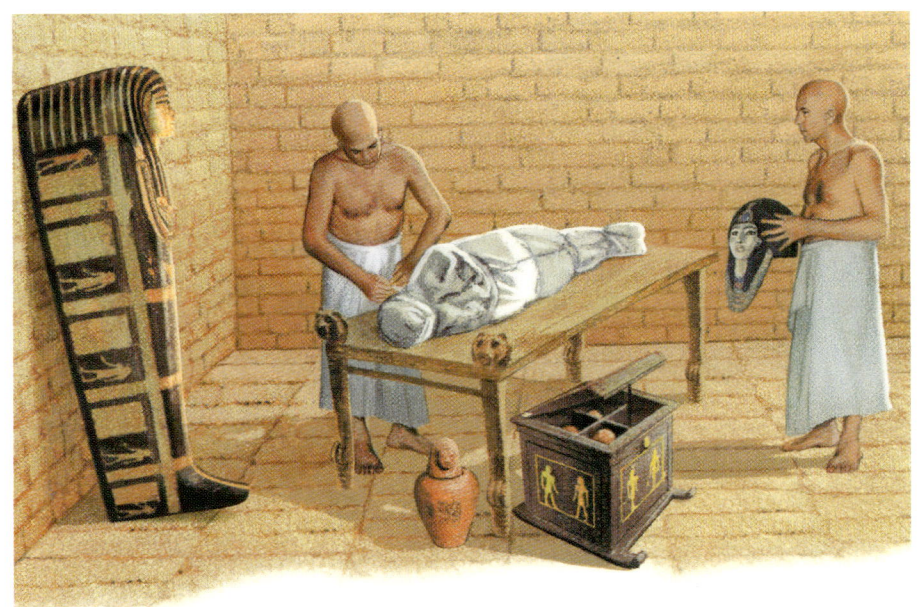

WER ISST
MUMIEN?

Ab dem Mittelalter herrscht zwischen Ägypten und Europa ein florierender Handel mit Mumien. Die Europäer halten pulverisierte Mumien nämlich für ein Heilmittel gegen jegliches Gebrechen. König Franz I. von Frankreich trägt stets Mumienstaub bei sich. Schon bald entdecken die Schmuggler, dass es billiger ist, aus frischen Leichen falsche Mumien herzustellen, als echte alte Mumien auszugraben. Ihre Kundschaft setzen sie davon allerdings vorsichtshalber nicht in Kenntnis.

Umständliche Vorbereitungen

Die Einbalsamierer arbeiten in Lehmziegelbauten unweit des Grabes, in dem der Tote bestattet werden soll. Hier bewahren sie die Stoffe und die vier Kanopen*, die ihnen die Familie des Toten gebracht hat, auf.

Nachdem die Leiche vor der Werkstatt mit Weihwasser rituell gereinigt wurde, wird sie auf einer mit Löwenköpfen und -pfoten verzierten Liege ausgestreckt. Bevor die Einbalsamierer dem Toten einen Teil seiner Eingeweide entnehmen, wird er gewaschen und am ganzen Körper rasiert. Dann zieht man das Gehirn mit einem langen Bronzehaken durch die Nase heraus und öffnet mit einem Feuerstein- oder Bronzemesser die Bauchdecke. Leber, Magen, Darm und Lungen werden entfernt und die Bauchhöhle gereinigt. Die getrennt behandelten Eingeweide werden in die Kanopen-Krüge* gelegt. Das Herz, Sitz der Gedanken und Gefühle, belässt man im Brustkorb.

Von Natron zu Leinentüchern

Diese Maske verhüllte den Kopf der Tuja, der Schwiegermutter Amenophis' III. (1388-1351 v. Chr.), die mit ihrem Gatten Juja im Tal der Könige begraben liegt. Die Maske besteht aus abwechselnden Lagen von grobem Leinenstoff und Gips und wurde zum Schluss vergoldet.

In einem anderen Teil der Werkstatt wird der Leichnam in einen Bottich gelegt und mit Natron bedeckt. Wenn die Einbalsamierer ihn vierzig Tage später wieder herausheben, ist er ausgetrocknet. Nun wird die Haut mit Salben wieder geschmeidig gemacht. Die Bauchhöhle wird erneut gesäubert und mit Tüchern oder Sägemehl ausgestopft. Die Ränder des Schnitts werden aneinander gelegt, manchmal mit einer Wachsplatte bedeckt, jedoch nicht vernäht. Dem Toten wird eine Perücke aufgesetzt und etwas Schmuck angelegt. Dann wird er eingewickelt. Zwischen die Leinenbinden werden Amulette geschoben. Der Vorgang wird von Gebeten begleitet. Zum Schluss hüllt man den Körper in Leichentücher, über den Kopf wird die Totenmaske geschoben. Nach siebzigtägiger Vorbereitung kann die Mumie nun bestattet werden.

447 v. Chr.
Auf dem Gipfel der Akropolis über Athen errichten die Griechen den Parthenon, einen der Göttin Athene geweihten Tempel. Dieses Kunstwerk der Architektur ist mit Statuen des Phidias geschmückt, des größten Bildhauers der griechischen Antike.

443 v. Chr.
Unter der Regierung des Perikles (443-429 v. Chr.) breitet sich die Kultur Athens, der Heimat der Demokratie, über die ganze griechische Welt aus. Verkörpert wird sie von Künstlern wie Phidias und Gelehrten wie Sophokles und Sokrates.

Diese Terrakottafigur zeigt ein Klageweib, das sich jammernd die Hand auf den Kopf legt.

▼

Ein prunkvolles Begräbnis

Der Sarg mit der Mumie wird in einen zweiten gestellt und dann in einen Schrein auf einer Barke geschoben. Die Barke ruht auf einem Schlitten, der von zwei Ochsen gezogen wird. Angehörige, Freunde und Diener versammeln sich zu einer Prozession, die den Verstorbenen zu seiner Grabstätte begleitet.

Die letzte Reise

An der Spitze der Prozession schreitet der in ein Leopardenfell gehüllte Sem-Priester*. Er nimmt Reinigungsriten vor und spricht Gebete. Oft fällt diese Rolle dem ältesten Sohn des Toten zu. Er wird begleitet von Dienern, die die Zugtiere vor den beiden Sarkophagen führen. Die Witwe und die Töchter gehen zu Seiten der Mumie. Hinter ihnen ziehen Männer einen zweiten Schlitten. Darauf steht die Truhe mit den vier Kanopen*, welche die Eingeweide des Toten enthalten. Ihnen folgen Träger mit den **Grabbeigaben**, die dem Verstorbenen das Leben im Jenseits angenehm machen sollen: Polsterstühle mit Kissen, ein Bett mit Matratze, Tische, Schemel und Truhen voller Kleidung, Geschirr und Toilettenartikel. Waffen, Musikinstrumente, Spiele, Schmuck, Uschebtis und ein *Totenbuch* als Führer für die Reise in die Unterwelt. Auch an Speisen und Getränken fehlt es nicht. Zwischen den Trägern folgen laut jammernde und stöhnende Klagefrauen dem Zug. Die Freunde des Toten beschließen die Prozession.

um 430 v. Chr.
Im griechischen Olympia erschafft Phidias aus Gold und Elfenbein eine 13 m hohe Zeus-Statue. Das außerordentliche Kunstwerk gehört zu den sieben Weltwundern der Antike.

409 v. Chr.
Der Tierkreis zeigt, in welcher Beziehung Sonne, Mond und Planeten jeweils zueinander stehen. Auf dieser Grundlage erstellen die Babylonier das erste Horoskop. Anhand der Position der Himmelskörper am Tage der Geburt sagen die Astrologen die Zukunft vorher.

Der Wesir* Ramose, der im 14. Jahrhundert v. Chr. lebt, lässt in seinem Grab ein ideales Begräbnis darstellen. Oben sieht man den Sarkophag und die Truhe mit den Kanopen-Krügen* auf zwei Schlitten zum Grab ziehen; unten die Prozession der Träger, Klagefrauen und Freunde des Toten.

Leben einhauchen

Nur langsam kommt der Zug auf dem Kiesweg voran. Endlich erreicht er das Grab. Die ineinander geschachtelten Sarkophage werden aufgerichtet. Die Witwe wirft sich davor zu Boden und verabschiedet sich weinend von ihrem Gemahl. Der Sem-Priester* im Leopardenfell vollzieht nun als letzte Kulthandlung das **Mundöffnungsritual**. Mit einem kleinen hölzernen Dechsel* berührt er symbolisch Nase und Mund der Mumie in ihrem doppelten Sarg. Diese magische Geste wird von Gebeten begleitet und soll dem Toten den Lebensatem zurückgeben, damit er im Jenseits atmen, essen und trinken kann.

Im Angesicht der Ewigkeit

Die Träger lassen die Sarkophage und Möbel in den Schacht herab und bringen sie in die Grabkammer. Dann verschließen Maurer den Durchgang zwischen Schacht und Kammer mit einer Ziegelmauer und füllen zum Schluss den Schacht mit Schutt auf. Der Tote tritt allein vor Osiris, den König des Totenreichs.

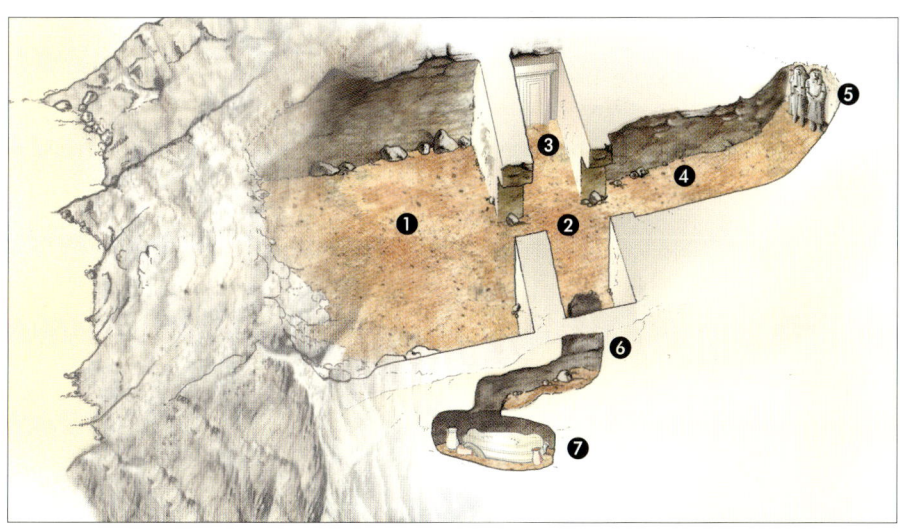

Diese Truhe ist mit dem Bildnis des Verstorbenen und seiner Gattin verziert. Beide tragen ihre schönsten Kleider. Der Kasten enthält *Uschebtis*, Figuren, die sich stellvertretend für den Toten im Jenseits zur Arbeit melden.

ARBEITS-DIENST

Im Totenreich werden die Verstorbenen von Osiris zur Feldarbeit gerufen. Um sich dieser lästigen Mühe zu entziehen, haben die Ägypter Diener in Mumiengestalt erfunden, die so genannten Uschebtis. Wird ihr Herr gerufen, melden sie sich an seiner Stelle zur Arbeit. In den vor der Brust verschränkten Händen halten die Figürchen oft Hacken, auf dem Rücken tragen viele einen Saatkorb. Für die Ausstattung des Toten sind die Uschebtis von großer Bedeutung.

Schnitt durch ein typisches Adelsgrab in Theben:
❶ Hof
❷ Großer Saal
❸ Falsche Tür
❹ Langer Saal
❺ Statuen
❻ Schacht
❼ Grabkammer

399 v. Chr.
Der Philosoph Sokrates wird beschuldigt, die Götter nicht zu ehren und die Jugend Athens zu verderben. Ein Volksgericht verurteilt ihn zum Tode und zwingt ihn, ein tödliches Gift zu trinken, den „Schierlingsbecher".

342 v. Chr.
Mit dem Tod Nectanebis' II. (360-342 v. Chr.) geht die lange Reihe ägyptischer Könige zu Ende. Zugleich endet die kurze Phase der Unabhängigkeit von den Persern. Das Land wird nun von Griechen, Römern, Byzantinern, Arabern, Türken und Engländern regiert.

Osiris' Auferstehung

Um im Jenseits wiedergeboren zu werden, setzen die Ägypter ihre
ganze Hoffnung auf den Totengott Osiris. Seine Geschichte schildert, wie er den
Menschen den Weg zur Auferstehung und zum ewigen Leben ebnet.

Ein feiger Mord

Als ältester Sohn von Geb, der Erde, und Nut, dem Himmel, erbt
Osiris das Königtum auf Erden. Der gerechte, gütige Herrscher schenkt
den Menschen die Zivilisation. Seth, dessen Erbteil nur glühend heiße
Wüsten sind, ist furchtbar eifersüchtig auf seinen Bruder. Er ermordet ihn,
um selbst den Thron an sich zu reißen und wirft die Leiche in den Nil. Isis,
die Schwester und Gattin des Osiris, findet den leblosen Körper. Als Seth
davon erfährt, zerschneidet er den toten Osiris in vierzehn oder sechzehn
Teile (je nach Version), die er über ganz Ägypten verstreut. Isis eilt ihm
nach und setzt die Glieder ihres Mannes wieder zusammen. Mithilfe von
Anubis, dem Gott der Einbalsamierer, stellt sie die erste Mumie her und
erweckt den Toten wieder zum Leben. Osiris kann jedoch nicht auf die
Erde zurückkehren. Er herrscht stattdessen im Jenseits weiter. Von da an
werden auch die **Menschen mumifiziert und wie Osiris wiedererweckt**. Ins
Paradies gelangen jedoch nur die Gerechten unter ihnen.

Eine Sache des Herzens

In das Königreich des Osiris kommt beileibe nicht jeder. Der Tote
muss zunächst eine schwere Prüfung über sich ergehen lassen: **das
Wiegen des Herzens**. Er wird in den Saal der Zwei Gerechtigkeiten
geführt, wo Osiris mit 42 Assistenten zu Gericht sitzt. Anubis führt ihn

Vor zwei Inkarnationen
der Göttin Maat steht
eine riesige Waage.
Der darauf befindliche
Kopf ist mit der Feder
der Gerechtigkeit
geschmückt. Der Tote
tritt hinzu. In der einen
Waagschale liegt sein
Herz, in der anderen
sitzt Maat, die Göttin
der Wahrheit. Thot, der
Gott in Paviangestalt,
hält das Ergebnis des
Wiegens fest.
▼

335 v. Chr.
Mausolos, der König des kleinen Landes Karien im Südwesten
der Türkei, lässt sich ein grandioses Grabmal bauen: das Mausoleum
von Halikarnassos, das erst nach seinem Tod vollendet wird. Es gehört
zu den sieben Weltwundern der Antike.

332 v. Chr.
Alexander der Große, König von Mazedonien, vertreibt
die Perser aus Ägypten und regiert an ihrer Stelle. Es beginnt die
Epoche der Ptolemäer. Er gründet die Stadt Alexandria an der
Mittelmeerküste und setzt seinen Feldzug bis nach Indien fort.

nun zur Waage, wo sein Herz auf einer Waagschale der Feder der Maat (Symbol für Gerechtigkeit und Wahrheit) gegenüberliegt. Sind die Schalen gleich hoch, das Herz also genauso leicht wie die Feder, hat der Tote kein Unrecht begangen und wird von Osiris aufgenommen. Ist das Herz aber so schwer von Sünden, dass die Waagschale sinkt, wird der Tote dem Ungeheuer Ammit zum Fraß vorgeworfen. Thot verkündet das Ergebnis und hält es im Gerichtsarchiv fest.

Die Große Verschlingerin Ammit ist halb Nilpferd, halb Löwin und besitzt den Kopf eines Krokodils. Tote, deren Herz schwer von Sünden ist, verschlingt das Ungeheuer.

In seine schönsten Gewänder gekleidet, bestellt der Tote symbolisch die Felder im Paradies des Osiris.

Ewiges Leben

Nach dem Urteil unternimmt der Verstorbene auf dem Weg ins Paradies eine gefährliche Reise in die Unterwelt. Dabei hilft ihm das *Totenbuch*. Es erklärt, wie er den Gefahren trotzen kann. Es lehrt ihn, wie er die von wilden Wächtern gehüteten Tore durchschreiten kann und wie er die im Dunkeln lauernden Schlangen und Skorpione besiegt. Am Ende der Prüfung gelangt er zu den Feldern im **Paradies des Osiris** und nimmt dort seine Lieblingsbeschäftigungen zu Lebzeiten wieder auf.

Die Ägypter glauben darüber hinaus, dass der Tote in seinem Grab weiterlebt, also im Grunde ein Doppelleben führt. Dank der an den Wänden seines Grabes abgebildeten Alltagsszenen wie Gastmählern und Jagden, kann der Tote in seinem Grabmal ein ähnliches Leben führen wie früher auf Erden. Sein Seelenvogel Ba* verlässt das Grab, um dorthin zu fliegen, wo der Tote einst lebte.

AUFERSTEHEN WIE DIE SONNE

Für seine Auferstehung identifiziert sich der Pharao auch mit dem Sonnengott Re. Am Abend stürzt sich Re, in einer Barke sitzend, in die Unterwelt. Während der zwölf Nachtstunden trotzt er allen möglichen Gefahren wie der schrecklichen Schlange Apophis, die seine Barke zum Kentern bringen will. Re besiegt sie und wird am Horizont im Triumph wiedergeboren. Der Sonne gleich, wird auch der König jeden Morgen neu geboren. Die nächtliche Reise des Re schmückt Gräber im Tal der Könige.

325 v. Chr.
Pytheas, ein Grieche aus Marseille, unternimmt die erste große Schiffsreise nach Nordeuropa. Von Marseille aus segelt er durch die Meerenge von Gibraltar, entdeckt Britannien und Island und wagt sich bis in die Ostsee vor.

297 v. Chr.
In Alexandria lässt Ptolemäus I. (305-282 v. Chr.) einen 135 m hohen Leuchtturm bauen, um die Schiffe sicher in den Hafen zu geleiten. Er zählt zu den sieben Weltwundern. Auch das Museum und die Bibliothek von Alexandria gehen auf Ptolemäus I. zurück.

Weiterleben im Totenkult

Die Ägypter widmen einen großen Teil ihrer Zeit den Vorbereitungen für das Leben nach dem Tode, vor allem ihrer Grabstätte. Das heißt aber nicht, dass sie es mit dem Sterben eilig hätten. Im Gegenteil: Sie haben große Angst vor dem Tod, vor allem davor, im Jenseits an Hunger und Durst endgültig zu Grunde zu gehen. Der Totenkult soll sie vor diesem grauenhaften Schicksal beschützen.

Den Eingang zum Tempel Ramses' III. in Medinet Habu bildet ein von Zinnen bekränztes Portal, das sich an der Militärarchitektur Syriens und Palästinas orientiert.

Die Magie der Bilder

Würdenträger werden nach dem Tod in ihrer **Grabkapelle** verehrt, die sich über der Grabkammer befindet. Der Gottesdienst besteht vor allem darin, Ka*, die Lebenskraft, mit **Opfergaben** zu erhalten. Speisen werden auf einem Opfertisch vor einer Statue des Verstorbenen oder vor einer Scheintür angerichtet, die symbolisch zur Grabkammer führt. Der Kult umfasst auch rituelle Reinigungen mit Wasser und Weihrauch. Vollzogen wird er von der Familie oder von einem bezahlten Totenpriester, einem Diener des Ka*. Die Ägypter wissen genau, dass die Lebenden die Toten rasch vergessen und dass auch ihre Kinder eines Tages sterben werden. Deshalb schmücken sie die Wände der Kapelle mit **Darstellungen**, die den Kult für immer festhalten. Die von den gemalten Priestern dargebrachten Speisen und Getränke ersetzen auf magische Weise die echten Gaben, sollten diese einst ausbleiben. So besiegen die Toten Hunger und Durst.

Auf einer Außenmauer des Tempels von Medinet Habu sieht man Ramses III. bei der Stierjagd.

294 v. Chr.
Die Bewohner der griechischen Insel Rhodos weihen der Sonne eine 33 m hohe Bronzestatue. Der „Koloss von Rhodos" ist das jüngste der sieben Weltwunder der Antike.

um 290 v. Chr.
Euklid gilt als genialer Mathematiker und Vater der Geometrie. Er ist Zeitgenosse Ptolemäus' I. und gründet die Mathematikerschule von Alexandria. Er hält Vorlesungen im Museum, dem geistigen und wissenschaftlichen Zentrum der Stadt.

Königsverehrung

Der Tempel der Königin Hatschepsut im halbrunden Tal von Deir el-Bahari ist terrassenförmig angelegt. Als Modell diente der benachbarte Grabkomplex Mentuhoteps II. (2046-1995 v. Chr.), den man im Hintergrund sieht.

Die Pharaonen werden in den zu Füßen der thebanischen Berge errichteten **Tempeln der Millionen Jahre** verehrt. Zur Zeit der Pyramiden baut man den Kulttempel direkt neben dem Grabmal. Im Neuen Reich ist im Tal der Könige kein Platz mehr für weitere Bauwerke, sodass Grab und Tempel getrennt werden. Im Tempel wird der Kult des Herrschers dem des Amun Re nachgeahmt. Die Wandreliefs verewigen den König und erinnern an Höhepunkte seiner Regierungszeit. In **Deir el-Bahari** verweist Königin Hatschepsut etwa auf ihre Seereise nach Punt, den heute zwischen Westsudan und Norderitrea gelegenen Landstrich. Im Ramesseum, dem Tempel Ramses' II., gemahnen die Szenen an die Schlachten des Königs, etwa die bei Kadesch.

BRIEFE AN DIE TOTEN

Durch ihren Ba* bleiben die Toten in Kontakt mit der Welt der Lebenden. Diese Präsenz ist nicht immer freundlich, wie die Briefe der Ägypter an verstorbene Verwandte belegen. Unzufrieden mit der Behandlung, die sie zu Lebzeiten oder nach ihrem Tod erfahren haben, quälen die Toten ihre Ehegatten oder Kinder, indem sie beispielsweise Krankheiten schicken. Die Familie schreibt ihnen daraufhin Briefe, um ihren Zorn zu besänftigen.

König Ramses III., hier von zwei Verkörperungen der Maat beschützt, baut den Tempel von Medinet Habu, der dem Kult dieser Göttin und des Amun Re geweiht ist. Das Bauwerk gehört zu den best erhaltenen Tempeln am Westufer Thebens, neben denen von Hatschepsut, Ramses II. und Sethi I.

Das Tal der Könige ist ein von Bergen umgebener Ort mitten in der Wüste. Dort liegen die Gräber der Pharaonen des Neuen Reichs. An dieser Stelle können die Könige keine Tempel zu ihrer Verehrung errichten.

Das Fest der Toten

Jedes Jahr im zweiten Monat der Erntesaison ist am linken Ufer von Theben ungewöhnlich viel Betrieb. Man feiert das **Fest des Tals** zu Ehren der Verstorbenen. Amun Re verlässt seinen Tempel in Karnak und hält sich in den Kulttempeln bei den Königen auf. Die Thebaner folgen dem Beispiel des Gottes und statten ihren Toten einen Besuch ab. Sie bringen dazu Körbe voller Lebensmittel mit, um das Fest in den Grabkapellen in Gesellschaft ihrer verstorbenen Angehörigen zu begehen.

237 v. Chr.
Am 23. August wird im Süden Ägyptens der Grundstein für den Tempel von Edfu gelegt, wie aus einer Inschrift genau hervorgeht. Das Heiligtum ist dem Falkengott Horus geweiht und gehört zu den best erhaltenen Tempeln des Landes.

221 v. Chr.
Shih Huang Ti vereinigt China und wird der erste Kaiser der Qin-Dynastie. Er reformiert die Verwaltung und lässt gewaltige Bauarbeiten durchführen, darunter die Chinesische Mauer und einen riesigen Begräbniskomplex.

Den Pharaonen auf der Spur

Von 1789 bis 1801 besetzt die Armee Napoleon Bonapartes während des Ägyptenfeldzugs das Niltal. 151 Gelehrte aller Fachbereiche begleiten die Soldaten, um eine Bestandsaufnahme vorzunehmen. Sie wecken das Interesse der Öffentlichkeit für das antike Ägypten. Diese Begeisterung ist in zwei Jahrhunderten keineswegs schwächer geworden.

DER MYTHOS DER KLEOPATRA

Obwohl Kleopatra gar keine Ägypterin, sondern Griechin ist, verkörpert sie für viele das Ägypten der Pharaonenzeit. Die Frau mit dem außergewöhnlichen Schicksal besteigt 51 v. Chr. mit 18 Jahren den Thron und erzwingt mit allen Mitteln die Unabhängigkeit ihres Reichs von Rom. Sie wird die Geliebte zweier der mächtigsten Römer ihrer Zeit: Julius Cäsar und später Marc Anton. Nach ihrer Niederlage gegen Oktavian, den künftigen Kaiser Roms, begeht sie 30 v. Chr. Selbstmord, angeblich, indem sie sich von einer Giftschlange beißen lässt.

Napoleons Ägyptenfeldzug

Während der Feldzug militärisch ein Fehlschlag ist, erweist er sich aus wissenschaftlicher Sicht als großer Erfolg. Bei ihrer Rückkehr nach Frankreich legen die Forscher ihre Ergebnisse in der *Beschreibung Ägyptens* offen. Dieses monumentale Werk umfasst Bände mit Stichen, die unter anderem auch antike Bauwerke abbilden. Da die Schrift noch nicht entziffert ist, hält sich die Kenntnis der ägyptischen Kultur jedoch sehr in Grenzen. Erst 1822 gelingt es Jean-François Champollion, das Rätsel der Hieroglyphen* zu lösen.

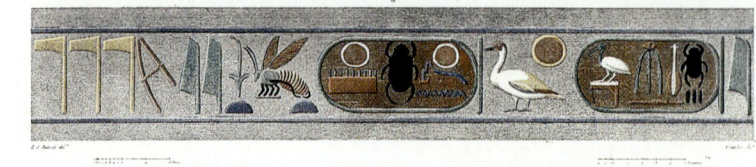

→ Die Teilnehmer des Ägyptenfeldzuges fertigen sehr genaue Schilderungen der Bilder und Inschriften an, die sie in den Bauwerken vorfinden, wie hier im Barkenheiligtum von Karnak, das die heilige Barke des Amun Re enthält. Die damals noch nicht entzifferten Hieroglyphen* werden mit großer Präzision kopiert.

um 100 v. Chr.
In Nord-Mexiko gründet ein geheimnisvolles Volk, dessen Namen man nicht einmal kennt, in Teotihuacan eine Stadt, die sich zu einer Hochkultur entwickelt. Beherrscht wird die Stadt von der Sonnen- und der Mondpyramide.

51 v. Chr.
Nach der Niederlage von Alesia ein Jahr zuvor muss sich Gallien Julius Cäsar ergeben. Der römische General hatte 58 v. Chr. mit dem Eroberungsfeldzug begonnen. Die Gallier übernehmen rasch die römischen Sitten und das städtische Leben.

Archäologische Träume

Im 19. Jahrhundert beginnen die Ausgrabungen, die in der Öffentlichkeit enorme Begeisterung für die Bauwerke der Pharaonen wecken. Die zunächst willkürlich durchgeführten Grabungen unterstehen bald der Kontrolle durch den „Service des Antiquités", eine von Frankreich geschaffene und bis 1956 von Franzosen geleitete Institution.

Die Königsmumien von Deir el-Bahari, Schmuck, Statuen, Reliefs und Malereien übertreffen alles bisher da Gewesene. Ein sensationeller Fund folgt dem anderen. Vollends aus dem Häuschen ist die Öffentlichkeit, als der englische Archäologe Howard Carter 1922 im Tal der Könige das mit unermesslich wertvollen Grabbeigaben ausgestattete Grab des Tutanchamun entdeckt. Noch heute setzen internationale Teams die Grabungen überall in Ägypten fort, seit einigen Jahren sogar auf dem Meeresgrund, etwa im Hafenbecken von Alexandria.

Der Archäologe Howard Carter (1874-1939) entfernt vorsichtig das schwarz gewordene Harz, das am massiv goldenen Sarkophag mit der Mumie des jungen Tutanchamun klebt.

Ein unerschöpfliches Thema

Mit seinen Pyramiden, Pharaonen und Mumien erweist sich das antike Ägypten als unerschöpfliche Quelle der Inspiration für Literatur, Comics, Kino, Musik, Malerei, Architektur und die Werbung. Wer ist nicht schon einmal mit wohligem Schauder in einem Roman oder Film einer Mumie begegnet? Wer kennt nicht die Abenteuer von Tim und Struppi oder von Asterix und Kleopatra? Nicht zufällig finden sich Obelisken, Pyramiden und Sphingen auch in der Friedhofsarchitektur Europas wieder – als Symbole der Ewigkeit.

In dem Kinofilm *Die Mumie* erwecken Schatzsucher einen in der Antike verstorbenen Priester wieder zum Leben und lösen damit eine Lawine des Bösen aus.

Genau, das ist sie... die exakte Kopie der Stele, die der Pharao Thutmes IV. vor der Brust des Sphinx aufstellen ließ, nachdem er sie aus dem Sand hat graben lassen ...

Nicht möglich!

Blake und Mortimer, die Helden des Comics von E. P. Jacobs, lesen eine Inschrift, die in eine Stele eingraviert ist. Sie steht zwischen den Tatzen des großen Sphinx von Gizeh.

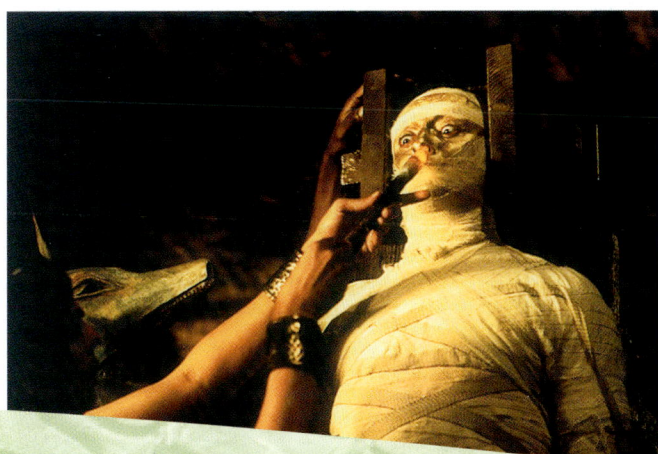

44 v. Chr.
Julius Cäsar beabsichtigt die Wiederherstellung der Monarchie zu seinen Gunsten, wird jedoch von den Republikanern ermordet.

30 v. Chr.
Kleopatra VII., die letzte Königin der Ptolemäer-Dynastie*, unterliegt Oktavian, dem unbestrittenen Beherrscher Roms, und nimmt sich das Leben. Der Sage nach lässt sie sich von einer Giftschlange beißen. Ägypten wird römische Kolonie.

Worterklärungen

Ba

Der Vogel mit dem Menschenkopf ist eines der Elemente, aus denen sich der Mensch zusammensetzt. Der frei bewegliche „Seelenvogel" verlässt die Mumie nach dem Tod des Menschen und kann nach Belieben aus dem Grab herausfliegen.

Beduinen

Die Beduinen sind Nomadenvölker, die in den Wüsten der Sinai-Halbinsel, in Syrien, Palästina und Arabien leben. Sie sind nicht sesshaft, sondern verlegen ihr Lager nach Bedarf dorthin, wo sie Futter für ihre Herden finden.

Dechsel

Ein Dechel ist ein kleines Beil, wie es die Tischler verwenden. Er besteht aus einer Kupferklinge, die im rechten Winkel in einen Griff eingesetzt ist. Mit einem solchen Werkzeug, allerdings aus Holz, wird auch an Mumien das Mundöffnungsritual vollzogen.

Dynastie

Manetho, ein ägyptischer Priester des 3. Jahrhunderts v. Chr., ordnet als erster die Pharaonen bestimmten Dynastien zu. Er zählte 31 solcher Adelsfamilien, die heutigen Forscher beschränken sich meist auf 30.

Fayence

Ägyptische Fayence wird aus Sand, Kalk und Natron oder Pflanzenasche hergestellt. Erhitzt man dieses Gemisch, wird die Oberfläche glasartig und verfärbt sich. So entstehen Gegenstände in einem schönen Blau, etwa Flusspferde. Die „echte" Fayence dagegen wird aus Ton gemacht.

Harem

Die Gesamtheit aller Zweitfrauen und Konkubinen eines Pharao bildet den Harem. Die Frauen leben mit ihren Kindern in Palästen in verschiedenen Regionen des Landes, wo sie der König gelegentlich besucht.

Hieratische Schrift

Diese Schrift ist von den Hieroglyphen abgeleitet, aber schneller zu schreiben. Erfunden wird sie von den Ägyptern des Alten Reichs (2700-2200 v. Chr.).

Hieroglyphen

Die Hieroglyphen sind die ältesten Schriftzeichen Ägyptens. Sie zeigen stilisierte Wesen, Tiere und Gegenstände aus der Lebenswelt der Ägypter. Man unterscheidet Ideogramme, Fonogramme und Determinativa.

Hypostylos

Damit ist ein Saal gemeint, dessen Decke auf Säulen ruht.

Ka

Der Ka ist eine Art Doppelgänger des Menschen und verkörpert neben dem Ba einen weiteren Aspekt des Menschen. Er steht für die Lebenskraft des Verstorbenen und sichert das Überleben des Toten im Jenseits, indem er die Energie der dargereichten Speise- und Trankopfer aufnimmt.

Kalmus

Kalmus ist ein dünnes Schilfrohr, das als Schreibwerkzeug verwendet wird. Der Schreiber spitzt ein Ende mit den Zähnen an, bevor er es zum Schreiben in schwarze oder rote Tinte taucht.

Kanope

Das Wort bezeichnet Gefäße, in denen die Eingeweide der Toten aufbewahrt werden. Es beruht auf einem Irrtum der Altertumsforscher des 19. Jahrhunderts: Sie setzen die Urnen, die sie in den ägyptischen Gräbern finden, mit den Krügen gleich, die in Kanopos bei Alexandria den Gott Osiris darstellen. Sie benennen die Gefäße also fälschlich nach der Stadt und dabei blieb es.

Kartusche

Das ovale Zeichen, das die fünf Königstitel des Pharao umgibt: seinen Geburts-, Thron-, Goldhorus-, Nebti- und Horusnamen.

Königstitel

Die fünf Titel und Namen des Königs, die in der Kartusche abgebildet sind.

Kuschiten

Das Wort bezeichnet die Einwohner des Landes Kusch südlich

von Ägypten. Sie stellen in der Spätzeit die 25. Dynastie.

Naos

Das griechische Wort bezeichnet einen Schrein aus Stein oder Holz, in dem die Götterstatue im Heiligtum des Tempels aufgestellt ist.

Natron

Dieses Salz (natürliches Natriumhydrogencarbonat) findet sich in reichlichen Mengen in den Seen des Wadi Natroun (denen es seinen Namen verdankt) nordwestlich von Kairo. Natron trocknet das Gewebe der Leichen aus und macht es haltbar.

Nun

Nun ist das Urgewässer, aus dem am Anbeginn der Zeiten der erste Erdhügel und der Schöpfergott auftauchen. Vollzieht der König nicht den Gottesdienst, fällt die Welt ins Chaos und versinkt wieder im Urgewässer.

Opet-Fest

Jedes Jahr feiert die Stadt Theben das Opet-Fest, in dessen Verlauf komplizierte Riten zur Erneuerung der Göttlichkeit des Königs für das kommende Jahr stattfinden.

Ostrakon (Plural: Ostraka)

Das griechische Wort bezeichnet Kalkstein-Bruchstücke, die Schreibern und Künstlern als „Zettel" dienen, auf denen sie Notizen festhalten.

Papyrus

Das Wort entwickelt sich vom ägyptischen „pa per aa" (dem König gehörend) über das koptische „papouro" zum griechischen „papuros". Es bezeichnet sowohl die am Nilufer heimische Schilfpflanze als auch das papierähnliche Schreibmaterial. Es wird aus den in hauchdünne Scheiben geschnittenen Stängeln der Staude hergestellt. Man legt sie übereinander und verdichtet sie durch Schlagen mit einem Klöpfel.

Prophet

Das griechische Wort bedeutet „Gottesdeuter". Es dient hier als Bezeichnung der ägyptischen Priester, insbesondere in hochrangigen Stellungen. Sie vollziehen die religiösen Kulthandlungen im Dienste der Götter.

Pylon

Ein großes Bauwerk aus zwei Türmen, das als monumentales Eingangsportal zu ägyptischen Tempeln dient.

Schlamm

Jedes Jahr werden bei der Nilüberschwemmung Massen von Schlamm an die Ufer geschwemmt, der organische Bestandteile enthält und deshalb äußerst fruchtbar ist. Er wirkt wie ein Dünger.

Schreiber

Schreiber sind Männer, die lesen und schreiben können. Die meisten von ihnen arbeiten in den Verwaltungen des Königs, der Tempel oder hoher Würdenträger.

Sem-Priester

Der in ein Leopardenfell gehüllte Priester spielt beim Totenkult eine wichtige Rolle. Er nimmt das Mundöffnungsritual vor.

Steuern

Die Steuern werden anhand der Ernten und des Zustands der Viehherden berechnet und in Naturalien entrichtet.

Tet-Amulett

Das Amulett wird mit der Göttin Isis in Verbindung gebracht. Da es meist einen roten Glas- oder Edelstein enthält, heißt es auch Isisblut. Ihm werden magische Kräfte zugeschrieben. Vor allem soll es den Toten im Jenseits Schutz bieten.

Udjat-Auge

In einem erbitterten Kampf reißt der Gott Seth dem Horus ein Auge aus und zerschlägt es. Der Gott Thot setzt es wieder zusammen und heilt es. Dadurch wird das Auge – im Ägyptischen „udjat" – zum mächtigen Schutzamulett.

Wesir

Das von dem türkischen Osmanen übernommene Wort bezeichnet die nach dem Pharao mächtigste Person im Land, eine Art Ministerpräsident, der für die Verwaltung zuständig ist.

Register

Die kursiv gedruckten Seitenzahlen verweisen auf ein Wort, das in der Chronik am unteren Seitenrand zu finden ist.